변론

* 이 책은 한국연구재단(HK연구사업)의 지원을 받아 수행된 연구입니다.
(NRF-2007-362-A00021)
* 지중해 지역원 번역시리즈 V

안 티 쿠 스
CLASSIC
01

변론

이사이오스 지음 / 최자영 옮김

안티쿠스
ANTIQUUS

Contents

| 머리말 |

I

이사이오스는 기원전 4세기 아테네의 법정 변론가였다. 그의 이름으로 전해지는 변론문 제목은 64편이나 이 중 진짜 이사이오스의 작품으로 간주되는 것은 50편 정도, 그리고 전문이 남아 전하는 것은 이 책에 실린 12편이다. 이 중 11편은 상속권에 관한 것이고 마지막 1편은 시민권 부여를 둘러싼 분쟁에 관한 것이다.

이 변론문을 통해 알 수 있는 것은 고대 아테네 사회가 오늘날의 우리 사회와는 달리 남계중심으로만 이루어진 것이 아니라는 점이다. 아래 설명이 되겠으나 이와 관련하여 그 특징 몇 가지를 간추리면 다음과 같다.

합법적 아들이 없고 딸만 있을 때는 피상속인은 그 딸을 무남상속녀로 하고 양자를 들여서 그 남편으로 삼는다. 양자는 어떤 경우에도 다른 사람을 자신의 양자로 들이거나 양부로부터 받은 재산을 처분할 수가 없다. 양자가 자식을 낳으면 재산권은 그 자식에게로 유증된다. 그런데 자식을 갖지 못한 경우에는 원래 피상속인의 집안 근친권자가 재산을 상속하게 된다.

합법적 자식이 없고 또 유언도 없는 경우, 상속인의 부계 사촌 및 그 자식, 혹은 재종사촌까지가 상속범위가 되며 그 안에 사람이 없으면 모계 친족으로 넘어간다. 재종사촌의 아들은 상속권이 없으나, 모가 낳은 이부異父 형제는 상속권을 갖는다. 동복이부 형제가 상속권을 가졌다는 사실은 사회가 남계중심으로만 이루어지는 것이 아님을 뜻한다. 또 피상속인의 동복이부 형제가 같은 피상속인의 사촌에 대해서 상속 우선권을 주장한다.

한편, 직계와 방계 간 우선순위를 두고도 종종 분쟁이 일었던 것으로 보인다. 피상속인의 외손녀와 피상속인의 형제의 아들 즉 조카는 서로 상속 우선순위를 놓고 타투기도 했다. 직계를 우선으로 하면 외손녀가, 여계보다 남계를 우선으로 하면 형제의 조카가 우선권을 갖게 되기 때문이다. 이렇게 피상속인의 형제 및 그 아들과 외손녀 중 누가 상속의 우선권을 갖는가 하는 것은 문제가 될 소지가 없지 않았다고 하겠다.

II

이사이오스는 기원전 4세기 인물인데, 같은 변론가 리시아스와 동시대인으로 변론기술에서 다소간 그를 추종한 듯한 면도 있는 것으로 평가된다. 리시아스에 관한 정보는 많지 않으며 그 생몰生沒 연대도 알지 못한다.[1] 그 아버지 디아고라스는, 스미르나의 헤르미포스[2]에 따르면 아테네 출신이나, 마그네시아 출신 데메트리오스에 따르면 칼키스 출신이다. 디오니시오스 할리카르나소스에 따르면, 이사이오스가 왕성하게 활동한 시기는 펠로폰네소스 전쟁 이후이며, 약 기원전 350년 경 혹은 마케도니아의 필리포스 왕 시대까지 이어진다. 그래서 그 탄생 연대는 기원전 420년 경으로 추정되기도 한다. 이사이오스는 당대 저명한 수사학자 이소크라테스에게서 배웠고, 고명한 변론가 데모스테네스의 스승이었다.

III

이 책에 소개되는 이사이오스의 변론문을 이해하는 데 도움이 되는 것으로 혼인, 입양, 상속 등에 관한 당시의 법 및 관습을 간략하게 소개하도록 한다. 더 자세한 내용은 『고대그리스법제사』(아카넷, 2007)를 참고하면 되겠다.[3]

혼인

혼인을 뜻하는 그리스어는 보증engye, 짝짓기gamos, 동거하다synoikein 등과 그 파생어들이다. 계약 사실이나 지참금 소지 여부, 결혼식에 참석한 증인 등이 있을 때 결혼은 합법적이 되고 그렇지 못할 때는 비합법적인 것으로 간주될 소지를 안게 된다. 결혼한 여자, 즉 '가메테gamete'는 정부情婦 pallake와는 다르다. 아테네의 경우 '합법적으로dikaios 보증한' 결혼과 그렇지 못한 경우가 구분된다.

그리스에서는 가내혼이 허용되었다. 이는 근대의 우리나라나 서양의 교회법규와 다른 것이다. 사촌간, 이종사촌간, 질녀와 삼촌 간은 물론이고 형제간에도 결혼했다. 친형제의 경우 동모 혹은 동부의 형제간 결혼을 피하는 것이 곳에 따라 다르다. 아테네에서는 동모 남매간 결혼은 금지되고 동부 남매간 결혼은 허용[4] 되었던 반면, 스파르타에서는 동부 남매간 결혼이 금지되었던 것으로 전한다.[5]

삼촌이 질녀와 결혼하는 경우도 적지 않았는데, 이것은 다른 경우에도 있을 수 있겠으나, 특히 아버지의 형제가 무남상속녀가 된 조카와 결혼할 수 있는 우선권을 갖기 때문이다. 여자를 출가시키는 혼주의 권한은 부, 동부형제,[6] 부계 조부 등의 순서이다. 이 중 아무도 없으면 여자는 무남상속녀가 된다. 그러면 근친 가운데 법적으로 우선권을 가진 남자가 그녀를 취한다. 이 때 아르콘이나 재판소의 결정에 의한 공식 허가가 있어야 하는데, 이 절차를 '에피디카시아epidikasia'[7]라고 한다. 여자가 다른 곳으로 출가한 뒤에 친정의 무남상속녀가 되면 여자와 결혼할 권한이 있는 친정집안의 법정 근친권자가 기존의 결혼을 파기하도록 강요하는 경우도 있었다. 법정 근친권자가 가난한 무남상속녀와 결혼하지 않을 때는 자신의 경제적 능력에 따라 5백, 3백, 2백 드라크마 등의 돈을 여자에게 주어야 한다'는 법이 있었다.[8)]

남편은 아내의 지참금을 처분할 수 없었고, 이혼하면 지참금은 아내의 집으로 반환된다. 남편이 죽고 여식만 가지고 있는 여자의 경우 지참금은 친정으로 반환된다.[9)] 과부가 아들을 두고 친정으로 돌아갈 때도 지참금을 찾아가지고 간다.

여자가 아들과 함께 있을 때는 그 아들이 보호자(키리오스)가 되고 그녀를 부양할 의무를 진다. 여자가 남편 집에 있으면서 아들을 두고 죽을 때도, 그 지참금은 남편의 재산이 되는 것이 아니다. 남편은 아이의 후견인으로 재산을 관리하고 있다가 후에 아들에게 넘긴다. 어머니가 다른 자식들이 먼저 각각의 어머니의 지참금을 먼저 갖고, 나머지 아버지의 재산을 공동으로 분배한다.[10)]

미성년 아이가 어머니의 지참금에서 나오는 이자로 부양받고, 성년에 달하면 그의 아버지에게 원금을 요구할 수 있었다는 것이다.[11)] 여기서 아버지가 자신의 비용으로 당연히 제 자식을 기르는 것이 아니라는 점이 특이하다. 또 이것과 연관되는 것이 어머니가 죽은 아이가 외가에서 양육되는 사실이다.

입양

입양은 솔론법으로 전해지는 두 가지 경우가 있다. 첫째, 아들이나 딸이 없을 때 피상속자는 상속인을 선택할 수 있다는 것.[12] 둘째, 딸이 있을 때는 그 남편을 정하여 양자로 들인다는 것이다.

솔론 법에 따르면, 합법적 자식이 없을 때는 원하는 대로 유언을 통해 재산을 처분할 수 있도록 하였다.[13] 다만 입양 사실은 광기, 노망, 약물중독, 병, 여자의 농간 등으로 정신이 온전하지 못하거나, 혹은 강제를 받거나 자유를 빼앗긴 상태에서 이루어졌을 때는 무효가 될 수 있다. 그리고 양자는 물려받은 유산을 처분할 수가 없고[14], 스스로 다른 이를 입양할 수가 없다.

고전기 양자 채택에는 세 가지 방법이 있었다. 첫째, 솔론의 창안에 의한 것으로 피상속인이 살아있을 때 양자를 채택 하는 것 inter vivos, 둘째, (솔론의 법에서 파생된 것으로) 유언에 의한 것, 셋째, 기원이 모호한 것으로, 아들도 없고 유언도 없이 죽었을 때, 무남상속녀와 결혼함으로써 양자 겸 피상속인이 되는 것이다.

양자는 친가와의 관계가 단절된다. 흥미로운 것은 양자가 되어 친가를 떠난 자는 아버지와의 관계는 단절되나 어머니와의 관계는 계속되며 어머니 쪽으로 내려오는 유산도 상속할 수 있다.[15] 변론(VII)에 나오는 트라시불로스는 다른 집으로 양자로 갔으나 외삼촌의 재산을 이모와 반반씩 나누어 가졌다. 만일 그가 양자로 가지 않았으면, 친족권에 근거하여 그 재산을 모두 차지했을 것이라고 한다.

양자는 거의 친자와 같은 권한을 갖지만, 생전계약inter vivos에 의한 양자는 유언이나 양자채택의 자유가 없으므로, 자식이 없어도 자신의 양자를 들이지 못한다. 아들을 낳아 대를 잇는 중계자가 될 뿐이며, 아들이 없을 때는 친족 중 법정 상속권자가 상속한다. 양자는 양가에 자식을 낳아 준 후가 아니면 친가로 돌아가고 싶어도 갈 수가 없다. 양자가 자식이 없이 죽으면 그 재산은 원래 그 재산이 속했던 집안으로 귀속된다.

상속

자식은 아버지나 후견인의 소개로 같은 촌락인(데모타이), 형제단(프라토라이), 집안사람들(게네타이)에게 소개되고 입적된다. 합법적 아들이나 딸은 아버지의 재산을 물려받게 된다. 상속재산을 뜻하는 가장 일반적인 용어는 클레로스이며 상속인은 클레로노모스이다.

딸도 없을 때는 재산이 친족에게 넘어가는 데 피상속자의 형제간과 사촌과 그 아들까지를 우선으로 한다. 그들도 없을 때는 아내의 친족에게 넘어간다. 이 때 아내가 재혼해서 얻은 아들도 그 범위에 들어간다는 사실은[16] 여자의 권한이 상당히 강했음을 보여준다. 그리스 사회는 남계가 우선이나 완전한 남계중심의 사회는 아니라고 할 수 있다. 양자를 들이지 않는 경우에는 법정근친이 자손 없는 집안의 재산을 나누어간다.

합법적 자식이 없고 또 유언도 없는 경우, 상속인의 부계 사촌 및 그 자식, 혹은 재종[17]까지가 상속범위가 되며 그 안에 사람이 없으면 모계 친족으로 넘어간다. 이사이오스(XI)에는 하그니아스의 모가 낳은 이부異父 형제가 재종사촌의 아들 제치고 상속권을 주장한다. 상속은 남계가 우선적이나 모계가 배제되지 않았음을 보여주는 중요한 사실이다. 재종사촌의 아들 상속권이 없으나, 동복이부 형제는 가졌다는 사실은 사회가 남계중심으로만 이루어지는 것이 아님을 뜻한다.

또 변론(IX)에는 피상속인의 동복이부 형제가 같은 피상속인의 사촌에 대해서 상속 우선권을 주장하고 있다. 이 때 피상속인의 사촌은 피상속인의 유언에 의해 양자로 채택되었다는 이유로 상속권을 주장하나, 그 동복이부 형제는 그 유언을 날조된 것이라 반박한다. 만일 피상속인의 사촌이 피상속인의 양자로 채택된 사실이 없다면, 명백하게 동복이부 형제가 사촌보다 상속 우선권을 가지고 있는 것으로 나타난다.

한편, 직계와 방계 간 우선순위를 두고도 종종 분쟁이 일었던 것으로 보인다. 변론(VII,33~34)에 따르면, 외손녀는 피상속인의 형제나 그 자식보다 상속에서 우선권을 갖는다. 전자는 직계이나 후자는 방계이기 때문이라고 한다. 이 때 직계는 남계만이 아니라 딸과 그 자식까지를 함께 포함한다. 그러나 같은 변론(VIII)에는 남성의 후손이 여성의 후손보다 우선권을 가진다는 법에 따라 피상속인의 외손자보다 피상속인의 형제의 아들이 더 우선권을 갖는다고 한다. 이렇게 (외)손자가 피상속인의 형제의 아들과 우선순위를 다투었다는 것은 방계의 권한이 상당히 컸음을 반증하는 것이라 하겠으며, 피상속인의 형제와 외손녀 중 누가 상속의 우선권을 갖는가 하는 것은 문제가 될 소지가 없지 않았다고 하겠다.[18)]

피상속인의 손자에게 재산이 유증될 때는 손자의 수per capita가 아니라 피상속인의 자식을 기준으로 가계별per stirpes로 물려진다.

해리슨의 견해에 따르면, 근친anchisteia의 순서는 약간 불확실한 것도 있지만 대체로 다음과 같이 말할 수 있다.[19)]

① 사자死者의 동부형제들과 그 아이들(항렬 하한선은 무제한, 그리고 자식의 수가 아니라 가계별로 상속되며 이하 같은 원칙이 적용된다).
② 사자의 동부 자매들과 그 자손들.
③ 부계父系 삼촌과 그 아이들과 손자.
④ 부계父系 숙모와 그 아이들과 손자들(a. 부계 종조부의 아이들과 손자들. b. 부계 종조모의 아이들과 손자들).[20)]
⑤ 사자의 동모 형제들.
⑥ 동모 자매들과 그 후손들.

⑦ 모계 삼촌(아이와 손자 포함).

⑧ 모계 숙모(아이와 손자 포함)(a. 모계 종조부의 아이들과 손자들, b. 모계 종조모의 아이들과 손자들의 순으로 추측).

유사한 친족범위 내에서는 남자가 여자보다 우선권을 갖는 것으로 나타난다. 립시우스에 따르면, 남자 형제의 아들은 사자死者의 누이보다, 부계 삼촌의 아들은 부계 고모보다, 부계 삼촌의 아들의 아들은 같은 부계 삼촌의 딸보다, 부계 고모의 아들의 아들은 같은 부계 고모의 딸보다 상속에서 우선권을 갖는다고 한다.

피해방민의 경우 그 재산은 자신의 자식에게 넘어갔던 것으로 보인다. 다만 그에게 자식이 없을 때 그 재산은 그를 해방시켜 준 사람에게 돌아갈 가능성도 있었다.

유언의 형식

유언 형식에 관한 아테네 법은 엄격하지 못하므로 유언의 형식 자체도 엄격하지 않았던 것으로 볼 수 있다. 유언은 서면이나 구두로 가능하였다.[21] 유언을 할 때 증인이 있는 것이 보통이며, 증인을 두지 않는 것은 현명하지 못한 소치이다.[22] 그러나 유언이 유효하기 위해서는 반드시 증인이 있어야한다는 결정적 증거는 없으며 오히려 그렇지 않았다는 불확실한 증거가 있다.[23] 증인이 있는 경우에도 꼭 그 내용을 알 필요는 없으며 그저 유언이 있었다는 사실만을 증명하기도 한다. 서면일 때도 문서의 내용은 잘 모르고 그저 문서가 있었던 사실만 증명하는 경우도 있으므로 내용을 바꿔치기할 가능성도 없지 않았다.[24] 위조방지 수단의 하나는 유언자가 봉인하여,[25] 관리나 친구, 친척에게 맡기는 것이었다.[26]

유언을 첨가하거나 수정하는 경우도 있었다.[27] 후속 유언이 있다면 그 이전의 유언은 무효가 되었을 것이다. 이때는 기존 문서가 폐기되고 폐기 선언이 증인 앞에서 행해져야 했다. 상속자는 유언자가 죽을 때까지 자신의 이름이 올라있는지를 잘 모르는 경우도 있을 수 있다.

미성년이나 여자는 유언이 불가능했다.

재산청구의 절차

에피디카시아epidikasia

이는 법정상속이나 유언에 의한 상속자를 인정하는 재판절차이다. 마지막 달인 스키로포리온 달만 제외하고는 언제나 재판할 수 있다. 사건은 도시민의 경우 아르콘이, 이방인의 경우는 폴레마르코스가 접수하여 조사한다.[28] 권리에 대한 공시절차는 크게 세 가지를 들 수 있다. 첫째, 관리의 게시판sanis에 공시하는 것, 둘째, '매달 첫 번째 정식 민회kyria ekklesia' 에서 공지하는 것, 셋째,

아르콘의 판정[29]이다. 이의가 있으면, 재판이 열린다. 양편은 아르콘의 조사anakrisis에 소환되며 권리확정소송diadikasia법정에서 결정된다.

'직접 소송euthydikia' 과 '이의 제기diamartyria'

재산청구의 절차는 '직접 소송euthydikia' 과 '이의 제기diamartyria' 가 있었다. 양부 생전에 양자가 된 자도 '직접소송' 으로 큰 위험부담 없이 재산을 장악할 수 있다. 변론가들은, 수사학적인 과장이 없지 않겠지만, '직접소송euthydikasia' 이 재산권을 청구하는 데 더 적절한 것이라고 말한다.[30] '이의제기' 는 절차상 더 간단하지만 위험부담이 더 크다.[31] 진정을 하려면, 재산의 1/10에 해당되는 보증금parakatabole을 걸어야 하며, 만일 위증소송에서 지면 이 돈은 몰수된다. 그러나 '직접소송euthydikasia' 은 이같은 보증금을 걸 필요가 없다.

재산청구권은 원칙적으로 피상속인의 생전은 물론 사후 5년 이내로 규정되어 있으나 실제 사례는 반드시 그런 것만은 아니었던 것으로 드러난다.[32]

I

클레오니모스의 재산에 관하여

사건 개요

상속권에 관한 분쟁이다. 폴리아르코스의 아들 클레오니모스는 자식 없이 죽으면서 근친이 아니라 먼 친척 가운데 한 사람을 상속인으로 하는 유언을 남겼다. 이 상속인의 촌수나 숫자는 글 속에 나타나지 않는다. 클레오니모스는 죽기 몇 년 전에 유언장을 작성하여 관리(아르콘)에게 맡겨놓았다. 클레오니모스의 근친들은 이 유언장이 진짜임을 인정하나 그 실효성에 대해 의문을

〈가계도〉

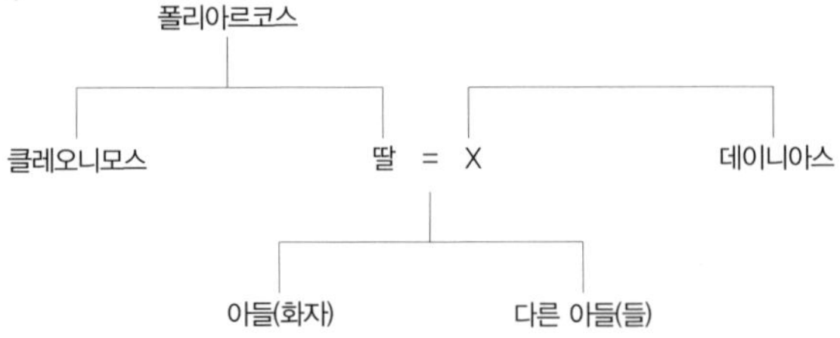

제시했으며, 그 중 한 사람이 이 변론문의 화자話者이다. 이들은 클레오니모스의 조카들, 즉 그 누이의 아들들이다. 이들이 고아가 되었을 때, 이들 아버지의 형제인 데이니아스가 후견인이 되었다.

상속권 문제가 법정으로 제출되기 전에 중재인을 통한 양측 간 중재 시도가 있었는데, 여기서 중재인들은 클레오니모스의 조카들이 1/3의 재산을 받도록 하는 제안을 했다. 그러나 이 조카들은 전재산을 요구한다.

청구인들이 유언장의 실효성을 의문시하는 이유는 그것이 클레오니모스의 임종 순간의 뜻을 반영하지 못하고 있기 때문이라는 것이었다. 클레오니모스는 마지막 순간에 유언의 내용을 바꾸려고 포세이디포스로 하여금 유언장을 보관하고 있던 관리를 불러오도록 했으나, 포세이디포스는 그 지시를 어기고 관리를 부르지 않았을 뿐 아니라, 후에 관리가 집으로 왔을 때도 그를 문간에서 돌려보냈다는 것이다. 결론적으로 이들은 유언장을 무시하고 근친에게 상속권을 주도록 재판관들에게 호소한다.

논점

클레오니모스가 사망한 다음 그 조카들이 클레오니모스 친족 상속자로 나타났다. 그들은 주장하기를 페레니코스, 시몬, 포세이디포스에게 관한 클레오니모스의 유언은 사실이며, 그 유언은 클레오니모스가 자신들의 후견인인 데이니아스와 불화했을 때 관리들에게 맡겨진 것이라고 했다. 그러나 그들은 또 주장하기를, 클레오니모스는 그 후 유언을 바꾸려했고, 그래서 경찰을 부르러 사람을 보냈으나 갑자기 죽었다고 했다. 나아가 그들의 할아버지이며 클레오니모스의 아버지인 폴리아르코스가 클레오니모스에게 지시하기를, 클레오니모스에게 무슨 일이 생기면 재산을 자신들에게 주도록 했다고 주장했다. 분쟁의 초점은 양측의 상반된 주장으로, 한 쪽은 원래의 유언을, 다른 쪽은 클레오니모스의 마지막 행위에 의미를 두고는 그가 유언을 무효화하기 위해 관리를 부르러 보냈다고 주장한다.

본론

1 여러분, 클레오니모스의 죽음이 내게 가져온 변화는 참으로 큽니다. 그 생시에 그는 자신의 재산을 우리에게 유증했으나, 그가 죽은 지금 우리는 그것을 빼앗길 위험에 처하게 되었습니다. 그 생시에 그는 우리를 너무 애지중지 키워서 법정에는 방청객으로조차도 들어선 적이 없습니다. 그런데 지금 우리는 우리가 가진 모든 것을 지키기 위해 이곳으로 싸우려고 온 것입니다. 상대는 클레오니모스의 재산 뿐 아니라 우리 선조의 재산$_{patroia}$까지도 클

레오니모스의 돈으로 산 것이라고 하면서 빼앗으려 하고 있습니
다. 그들 자신의 친구들과 친척들도 클레오니모스가 남겨 놓은 2
재산을 우리가 그들과 똑같이 나누어야 한다고 주장하고 있습니
다. 그러나 상대는 철면피하게도 우리 세습재산까지도 빼앗으려
고 하는 것입니다. 그것은, 여러분, 그들이 올바른 것이 무엇인지
를 몰라서 그런 것이 아니라 우리가 너무 힘이 없어 없이 여기는
것이지요.

양측이 여러분 앞에 서면서 믿고 있는 바를 살펴보시지요. 상 3
대는 우리 삼촌이 작성한 유언장에 의지하고 있으나, 그 유언장
은 삼촌이 우리를 못마땅하게 생각한 것이 아니라 우리 친족 중
한 사람 때문에 화가 나서 작성했다가 죽기 전에 그것을 취소하
려고 포세이디푸스를 관청으로 보냈던 것입니다. 우리는 클레오 4
니모스의 최근친이며 그 생시에 누구보다도 그와 친하게 지냈습
니다. 그리고 법률에 따라 최근친이며 동시에 클레오니모스와
우정을 함께 했던 우리가 상속권을 가져야 합니다. 더구나 클레
오니모스의 아버지이며 우리 할아버지인 폴리아르코스는 만일
클레오니모스가 자식 없이 죽으면 그 재산은 우리에게 돌아와야
한다고 지시한 적이 있습니다. 우리의 이런 모든 주장에도 불구 5
하고, 상대는 우리 친척syngeneis으로서의 당연한 근거도 없으면
서, 또 친척도 아닌 사람이 이런 것을 가지고 다툰다는 것이 부
끄러운 그런 것을 가지고, 염치없이 우리를 법정으로 끌어 들였

습니다.
6 여러분, 내 생각에는 우리와 상대편은 서로에 대해 비슷한 생
각을 갖지 않는 것으로 보입니다. 지금 처한 상황에 대해 내가 가
장 곤혹스러워하는 것은 내가 부당하게 위기에 몰린 사실이 아니
라, 서로 싸운다는 것이 명예롭지 못한 같은 집안사람oikeioi과 다
7 툰다는 사실입니다. 처음부터 그들 때문에 해를 입은 불행보다
내 자신을 방어하기 위해 내 가문 사람인 그들을 공격하는 것이
더 적은 불행이라고는 나는 생각하지 않습니다. 그런데 저들은
그런 생각보다는 우리에게 대항하기 위해 온갖 친구들을 다 불러
들이고 변호사들을 동원하고 총력을 기울이고 있으니, 여러분,
이것이 마치 친족이나 집안사람이 아니라 적군과 싸우러 가는 것
8 같이 합니다. 사태의 전모를 다 듣게 되면 저들의 무도함과 욕심
을 더 잘 이해할 수 있을 것입니다. 지금 분쟁의 대상이 되는 사
건을 여러분이 가장 잘 이해할 수 있도록 할 것으로 보이는 점부
터 내 이야기를 시작하도록 하겠습니다.
9 우리는 고아였고, 우리 아버지의 형제였던 삼촌 데이니아스는
우리의 후견자가 되었습니다. 여러분, 그렇게 되었을 때 그는 클
레오니모스와 불화하게 되었습니다. 둘 중에 누가 잘못한 것인지
는 내가 관여할 바가 아니나, 솔직하게 말해서 둘 다 잘못이 있다
고 해야 하겠습니다. 친구로 있다가 아무 결정적 이유도 없이 몇
10 마디 오고간 말 때문에 서로 적으로 돌아섰기 때문입니다. 바로

화가 나있던 그런 상황에서 클로오니모스가 유언서를 작성했습니다. 클레오니모스 자신이 훗날 진술했듯이, 그가 우리를 못마땅하게 여겼기 때문이 아니라 우리가 데이니아스의 후견을 받고 있었기 때문이며, 혹 우리에게 재산을 물려주었다가 클레오니모스 자신이 죽고 우리가 아직 어릴 때 데이니아스가 재산을 가로챌까봐 걱정을 했기 때문이라는 것입니다. 자신의 최대의 적에게 집안사람의 후견을 맡기고 자신의 재산을 관할하게 하며, 또 우리가 자랄 때까지 생전에 싸웠던 사람에 의해 자신을 위한 제사를 지내게 한다는 사실을 그는 생각조차 하기 싫었던 것입니다.
곡직을 불문하고 이런 상황에서 그는 유언장을 작성한 것입니다. 11
그리고 데이니아스가 바로 클레오니모스에게 혹 우리나 우리 아버지에게 불만이 있는가하고 물었을 때, 클레오니모스는 모든 사람 앞에서 우리에게 아무런 나쁜 감정이 없고 데이니아스에게 화가 난 것이며, 유언장을 작성한 것은 지성으로 한 것이 아니라고 대답했습니다. 여러분, 진실로 그가 평형감각을 유지했더라면 그에게 아무 잘못도 하지 않은 우리에게 손해를 끼치려고 하지 않았을 것입니다. 그가 그 다음에 한 행위, 즉 그가 우리를 조금도 12
해치려 하지 않았던 사실은 우리의 주장을 강하게 지지하고 있습니다. 데이니아스가 죽고 우리의 처지가 어려워지자, 그는 우리에게 부족함이 없도록 했고 자신의 집으로 우리를 데려가 길러주었고, 또 채권자들이 우리 재산을 위협할 때 그것을 구해주었고

13 자신의 것인 양 우리 이익을 위해 돌보았습니다. 그의 심중은 유언장이 아니라 바로 이런 그 행위에서 드러납니다. 또 우리 모두가 그런 잘못을 저지를 수 있듯이, 화가 나서 한 행위가 아니라, 그 다음의 그 행위이며 거기서 그 입장이 명백하게 드러납니다.
14 임종에 즈음하여 그는 우리에 대한 그의 감정을 더 분명하게 했습니다. 그가 죽을병에 걸렸을 때 그 유언을 취소하려고 포세이디포스에게 관리를 데려오도록 했습니다. 그런데 포세이디포스는 그것을 이행하지 않았을 뿐 아니라 문간까지 온 관리들 중 한 명을 돌려보냈습니다. 그 때 클레오니모스는 화를 내며 다시 지시를 내려 이번에는 디오클레스에게 그 다음날 관리를 데려오도록 했으나, 병 때문에 일을 처리할 수가 없었습니다. 회복될 가능성이 여전히 많았으나 갑자기 그 날 밤에 죽은 것입니다.

15 내가 첫 번째 증거로 세우는 것은 클레오니모스가 이런 유언장을 만든 동기는 우리가 아니라 데이니아스에게 불만이 있었다는 점입니다. 두 번째로 데이니아스가 죽은 후 그는 우리를 위해 돌보았고 우리를 그 자신의 집으로 데려가서 길렀다는 점, 셋째 포세이디포스를 시켜 관리를 부르도록 했으나 포세이디포스가 그를 부르지 않았고, 또 관리가 왔을 때 포세이디포스가 문전에서
16 그를 돌려보냈다는 점입니다. 내 말을 입증하기 위해 증인을 불러주십시오.

증인

다음에는 케피산드로스를 포함한 상대의 친구들의 의견, 즉 양측이 재산을 분배해야 한다는 것, 그리고 우리가 클레오니모스 재산이 1/3을 가져야한다는 의견을 개진하도록 증인을 불러주십시오.

증인

여러분, 내 생각에 유산관련 분쟁에서는, 우리의 경우처럼, 청 17
구인이 인척관계나 애정에 있어서 죽은 자와 더 가까웠던 사실을 증명할 수 있다면, 다른 말은 필요가 없는 것입니다. 그러나 상대는 이 두 가지 중 어느 것에서도 권리를 주장할 수 없는데도, 그들 자신의 소유이 아닌 것을 요구하고 거짓 주장을 펴고 있습니
다. 이 점에 관해 내가 몇 마디 해야 하겠습니다. 그들은 유언장 18
을 내세워 클레오니모스가 유언장을 취소하려 했던 것이 아니라 수정을 하여 그들 자신에게 상속하는 것을 확인하려했던 것이었다고 주장합니다. 어느 쪽 말이 맞는지 여러분이 생각해보십시오. 클레오니모스가 우리와 친해져서 자신이 화가 났을 때 작성한 유언을 철회하려고 했는가, 아니면 우리로부터 그 자신의 재산을 빼앗아가려고 더 확실한 방법을 강구했는가 하는 것이지요.
다른 모든 사람들이 화가 나서 친척에게 한 잘못을 나중에 뉘우 19
치게 됩니다. 그런데 우리 소송상대인에 따르면 클레오니모스가

우리와 가깝게 지내고 있는 가운데서 그 전에 화가 났을 때 만든 유언을 더 확실하게 하려고 했다는 것입니다. 우리가 그런 점을 인정하고 여러분이 그것을 믿는다고 해도, 우리 소송상대인은 클레오니모스를 완전히 미친 것으로 매도하고 있음을 여러분은 아
20 실 것입니다. 클레오니모스가 데이니아스와 불화할 때 만든 유언이 데이니아스에게 불이익을 주는 것이 아니라 가장 가깝고 가장 사랑스러운 사람을 해치게 되는 것인 반면, 이제 그가 우리와 가장 친하게 지내고 누구보다 우리를 아끼는 즈음에 와서, 저들(소송상대인)이 주장하는 것처럼, 자신의 조카에게 자신의 재산을 하나도 나누어주지 않으려고 했다면 그 얼마나 미친 짓이겠습니까? 여러분, 누가 제 정신에 자신의 재산을 그런 식으로 처리하겠습
21 니까? 이런 상식에 따라 여러분은 이 사건에 대해 판결하기가 쉬울 것입니다. 우리가 주장하는 것처럼, 클레오니모스가 관리를 부르러 보낸 것이 유언을 취소하기 위한 것이라면 저들 내 소송상대인은 아무런 청구권의 근거가 없어집니다. 또 만일 클레오니모스가 제 정신이 아니어서 그의 가장 가까운 친척이며 가장 친한 친구였던 우리를 무시했던 것이라면, 여러분은 그 유언을 무효로 선언하는 것이 정당하다고 나는 생각합니다.

22 또 우리 소송상대인은 클레오니모스가 그들 자신을 위해 유언을 확인하려고 관리를 부른 것이라고 주장하지만, 저들은 관리를 부르도록 지시를 받았을 때 관리를 들여오도록 하지 않았고 문간

까지 온 관리들 중 한 사람을 돌려보냈습니다. 두 가지 선택의 길이 그들에게 있었습니다. 자신에게 약속된 유산을 지키든가 아니면 클레오니모스가 요구하고 있는 것을 따르지 않음으로써 클레오니모스를 무시하든가 하는 것이었지요. 저들은 클레오니모스의 요구를 들어주기보다 그와 적대하기를 택했지요. 다음의 사실보다 더 믿을 수 없는 일이 있습니까? 클레오니모스가 요구하는 23
대로 함으로써 아주 많은 것을 얻을 수 있는 마당에, 그렇게 하면 손해를 보는 것처럼 그 말을 따르기를 거부하는 한편, 클레오니모스는 너무 저들의 이익을 위해주고 싶은 마음에 그런 그 소원을 무시하는 포세이디포스에게 화를 내고 또 디오클레스에게 그 다음 날로 같은 사안을 이행하도록 부탁했을 것이라는 사실 말입니다.

여러분, 상대가 주장하는 것처럼, 만일 클레오니모스가 현재의 24
형태 그대로의 유언을 통해 저들에게 재산을 유증하려 했다면 그것을 더 확실하게 하기 위해 그가 어떤 점을 고치려 했을까 하는 점에 대해 의심을 갖지 않을 수가 없습니다. 여러분, 다른 모든 사람의 경우 그런 유언장은 가장 완벽한 형태의 유증 방법입니다. 더구나, 만일 클레오니모스가 그 유언장에 무언가를 더하려 25
했다면, 유언의 원본을 관리로부터 얻을 수 없는 지경에 처했을 때 왜 자신의 뜻을 추가조항 형태로 남겨놓지 않았을까요? 관청에 보관된 것이 아닌 어떤 다른 문서를 폐기하는 그런 것이 아니

라, 오히려 원하는 것을 추가조항으로 자유롭게 기록하여 우리
26 양측 간에 일어난 이와 같은 분쟁을 방지할 수는 있었겠지요. 또
클레오니모스가 그 유언을 변경하려 했다는 점을 우리가 인정한
다면, 그가 그것을 취소하려 했다는 것이 여러분 모두에게 분명
해질 것이라고 나는 생각합니다. 여기서 다시 저들의 무도함이
들어납니다. 유언자가 그 유언에 만족하지 못하고 있었음을 저
들이 인정하면서도 유언이 유효하다고 하고 여러분들로 하여금
법과 죽은 자의 의도에 반대되는 판결을 내리도록 유도하고 있기
27 때문입니다. 저들의 진술 가운데 가장 뻔뻔한 것은 클레오니모스
가 그 재산을 우리가 가지는 것을 원하지 않았다고 감히 말하는
것입니다. 여러분, 클레오니모스가 다른 어떤 친족보다 생시에
자신의 재산으로 더 많은 도움을 주었던 사람 이외 그 누구에게
28 자신의 재산을 남기려 했겠습니까? 저들의 친척인 케피산드로스
도 그 재산을 분쟁 쌍방이 나누어갖는 것이 공정하다고 생각하고
있는 마당에, 만일 우리의 최근친이며 우리를 자신의 집으로 받
아들여 우리를 키우고 그 자신의 것처럼 우리 이익을 위해 애쓴
클레오니모스가 우리에게 그 재산의 몫을 나누어주기를 원하지
29 않았다고 한다면, 참으로 말이 안 되는 일이 될 것입니다. 여러분
가운데 어느 누가 우리의 법정 분쟁 상대가 우리의 최근친보다
더 우리에게 친절하고 더 배려가 깊다고 생각할 수 있습니까? 또
우리를 잘 돌보고 우리를 무시하는 것을 수치로 여겼을 사람이

우리에게 아무 재산도 남기지 않는 가운데, 우리에게 아무런 은혜를 베푼 적이 없고 우리를 무시한다고 해서 아무런 창피할 일이 없는 저들이, 이른바 우리가 아무 권한을 갖지 않은 재산이라면, 그 몫을 나누어주겠다고 할 수 있겠습니까? 여러분, 이런 것은 참으로 말이 안 되는 것입니다.

또, 만일 클레오니모스가 임종할 즈음에 이르러 분쟁 쌍방에 30
대해 유언을 만들 당시와 같은 감정을 갖고 있었다면, 여러분 가
운데 일부는 저들의 말을 믿는 것이 당연합니다. 그러나 사실은
정반대라는 것을 알게 될 것입니다. 클레오니모스가 우리 후견인
이었던 데이니아스와 불화했을 때 우리와는 친하게 지내지 않았
고 오히려 내 반대편 사람 모두에게 친절했습니다. 그런데 요즈
음에 와서 그는 저들 가운데 몇 사람과 불화하고 누구보다도 우 31
리와 가깝게 지냈습니다. 저들과 클레오니모스가 불화한 원인에
대해서는 내가 상술할 필요가 없겠습니다만, 그런 불화의 뚜렷한
몇 가지 증거를 들것이며 그 증인도 댈 수가 있습니다. 첫째, 클
레오니모스가 디오니소스에게 제사를 지낼 때 모든 친척과 다른
시민들까지 불렀으나 페레니코스는 부르지 않았습니다. 또 죽기
직전 시몬과 함께 파노르모스[33]로 여행을 가서 페레니코스를 만
났으나 그에게 아무 말도 건네지 않았습니다. 더구나 그와 싸웠 32
는가 하고 시몬이 묻자, 클레오니모스는 그들 사이가 나쁜 상황
을 이야기하고, 언젠가 페레니코스에 대한 자신의 감정이 어떤

것인가를 페네니코스 자신에게 보여주게 될 것이라고 장담을 놓았다고 합니다. 이제 제 진술에 대한 증인을 불러주십시오.

증인

33 여러분, 양편에 대한 감정이 이런 상황에서 클레오니모스가 생시에 가장 가깝게 지냈던 우리에게 한마디 말도 남기지 않은 한편 그들 일부와 불화했던 저들에게 전 재산을 남기려고 확인까지 하려했다는 사실을 납득하시겠습니까? 또 서로 불화했는데도 클레오니모스가 저들을 더 위하고 서로 가깝게 정을 나눈 우리는
34 오히려 해치려 했을까요? 나로서는, 저들이 죽은 자의 뜻을 왜곡하면서, 어떤 다른 말을 여러분에게 더 할 수 있을 것인지 알 수가 없습니다. 왜냐하면 저들은 유언이 부정확하고 유언자의 마음에도 들지 않았던 것이라고 하고 있고, 또 저들의 말에 따르면, 유언자는 정을 나누고 사는 사람보다는 불화한 사람들에게 더 많은 몫을 남겼으며, 또 생시에 말도 나누지 않은 사람에게 전 재산을 남긴 한편, 가장 친한 친구로 대했던 사람들은 일 푼의 가치도 없다고 생각할 정도로 아주 미친 사람 취급을 하고 있기 때문입
35 니다. 그렇다면, 유언자 자신이 부정확한 것으로 생각했고 소송상대인들 자신이 그것을 무시하고 우리와 재산을 나누려는 뜻을 밝혔으며, 더구나 법과 정의는 물론 죽은 자의 뜻에도 어긋남을 우리가 증명하려고 하는 그 유언에 대해 여러분 중 누가 지지를

하겠습니까?

내 생각에, 우리 주장의 정당성에 대해 여러분은 우리 소송상 36
대인의 진술 자체로부터 가장 잘 알 수 있을 것입니다. 어떤 근거에서 클레오니모스의 재산에 대한 상속권을 주장하느냐고 질문을 받는다면, 저들은 클레오니모스와 모종의 관계가 있으며 또 한동안 친하게 지냈다고 대답할 것입니다. 이런 진술은 저들보다
우리에게 더 유리한 것이 아니겠습니까? 만일 유산권이 친족관계 37
에 바탕을 둔 것이라면 우리가 클레오니모스에게 더 가까웠고, 만일 우정에 바탕을 둔 것이라면, 그가 사랑으로 더 가까이 엮여 있었던 것은 우리였음이 알려진 사실입니다. 그러므로 여러분이 이 사건의 진실을 파악하는 것은 우리가 아니라 바로 저들의 입
을 통한 것입니다. 다른 모든 사건의 경우 여러분은 친족관계나 38
우정에서 죽은 자와 가장 가까운 사람에게 지지표를 던지는데, 두 가지 점 모두에서 자격을 갖춘 우리만 클레오니모스의 재산에서 몫을 차지하지 못한다면 아주 기이한 일이 될 것입니다.

만일 클레오니모스의 아버지이며 우리 할아버지인 폴리아르 39
코스가 아직 살아있고 생활자금이 없다면, 혹은 클레오니모스가 궁핍한 딸들을 남겨놓고 죽는다면, 우리가 우리 할아버지를 부양할 것이고 또 클레오니모스의 딸들과 결혼하거나 지참금을 주어 다른 남편을 주선했을 것입니다. 아테네 내의 친족의 권리, 법률, 여론이 우리로 하여금 그렇게 하도록 만드는 것이고, 그렇게 하

40 지 않으면 큰 벌과 극도의 창피를 당하게 될 것입니다. 그런데 재
산이 남겨진 지금 우리가 아닌 다른 사람이 그것을 상속받는 것
이 정당한 것이라고 여러분은 보시렵니까? 만일 여러분이 근친이
친족의 불행을 나누어갖도록 강요하면서, 돈이 남겨졌을 때는 그
에 대한 권한을 가진 사람이 아닌 다른 이에게 그것을 준다면, 여
러분의 판결은 정당하지 못하고 여러분의 이익이나 법에 일치하
는 것이 아닙니다.
41 여러분, 여러분이, 사실 그렇게 하듯이, 친족관계와 진실에 근
거하여 유언에 의지하는 사람보다는 친족의 권한을 주장하는 사
람에게 유리하게 판결해야 할 것입니다. 여러분 모두 가족관계가
어떤 지를 잘 알고 있으므로 아무도 그 점에서 여러분을 호도할
수가 없기 때문입니다. 한편, 많은 사람들이 잘못된 유언을 남겼
습니다. 어떤 것은 완전히 위조된 것이고, 어떤 것은 온전한 정신
42 을 갖지 못한 이들에 의해 작성되었습니다. 이번 사건의 경우 여
러분은 모두 우리의 가족관계와 죽은 자와의 친분을 알고 있으
며, 그것이 우리 주장의 근거입니다. 그러나 여러분 중 아무도 악
의를 가진 우리 소송상대인이 근거하고 있는 유언장이 유효한지
하는 것을 알지 못합니다. 더구나, 여러분은 우리의 분쟁 상대조
차도 죽은 자에 대한 우리의 관계를 인정한다는 사실을 알게 될
것입니다. 그러나 유언장은 클레오니모스가 그것을 취소하려 했
으나 저들이 방해한 것이므로 우리는 그 효력을 문제 삼고 있습

니다. 그러니, 여러분, 여러분은 공정성이 없는 유언장보다는 우 43
리 양측 모두에 의해 인정받고 있는 친족관계에 근거하여 판결을 내리는 것이 더 공정합니다. 클레오니모스가 감정에 격해 있던 순간에 잘못 유언장을 만들었으나, 제정신이 들어 그것을 철회하려 했던 사실을 기억하십시오. 그러니 이성보다 감정에 더 무게를 두는 것은 가장 열악한 일이 될 것입니다.

내 생각에, 여러분도 여러분으로부터 유산을 받을 권한이 있는 44
사람들의 것을 유산 받을 권리가 있음을 주장하는 것이고, 만일 그렇게 되지 않으면 불만하겠지요. 만일 클레오니모스가 살아있고, 우리 가족이나 상대 청구자의 가족이 죽어 없어진다면 클레오니모스가 어느 쪽 집안 재산의 상속자가 될 것인지 생각해 보십시오. 자신도 피상속인으로 재산을 물려주게 될 가능성이 있는 상속권을 가진 사람의 재산을 상속받는 것이 공정한 것입니다.
만일 페레니코스나 그 형제 중 누가 죽으면, 클레오니모스가 아 45
니라 그들의 자식이 그들이 남긴 재산의 상속권을 갖게 됩니다. 한편, 만일 우리가 그런 일을 당하게 되면 클레오니모스가 모든 것을 물려받게 되겠지요. 우리는 자식이나 다른 친척이 없으며, 그는 최근친이고 우정으로 가장 가깝게 엮여있기 때문입니다. 이 46
런 근거에 의해 법률로서 그에게 상속권이 주어지므로 우리는 다른 누구에게 상속을 한다는 생각을 절대 하지 않습니다. 우리 생시에 우리의 것에 대해 우리보다 그의 주장이 더 먹히도록 존중

했다가, 우리가 죽은 다음에는 가장 가까운 친구를 두고 다른 이
에게 재산을 물려주는 그런 일은 없을 것이라고 나는 생각합니
47 다. 그러니, 여러분, 여러분은 우리가 서로 유증과 상속이라는 이
중의 끈으로 클레오니모스에게 묶여있음을 알게 될 것이고, 반면
상대는 이익을 노리며 무모하게 행동하면서 우정과 인척관계에
대해 말하고 있음을 알게 될 것입니다. 어떤 것을 양도하는 경우
라면 그보다 더 가깝고 사랑으로 엮인 친지들이 많습니다.
48 이제 내가 말한 것을 요약하면서 여러분 모두의 세심한 관심을
구합니다. 저들은 유언장이 클레오니모스의 의중을 보여주고 있
고 그 후에도 그는 그것을 후회한 적이 없고 우리에게 재산을 물
려주려 하지 않았으며 오히려 저들에게 유증하려는 것을 확인하
려 했다는 사실을 증명함으로써 여러분을 설득하려 하고 있습니
49 다. 그러나 이 모든 사실을 주장하고 있으나 저들은 스스로 클레
오니모스의 더 가까운 친척이라든가, 혹은 저들이 우리보다 클레
오니모스와 더 가깝게 지냈다는 사실을 증명하려고는 하지 않습
니다. 그들은 클레오니모스를 그저 비방하기만 할 뿐 그들의 주
장이 정당하다는 점을 증명하고 있지 않다는 사실을 유념하시기
50 바랍니다. 만일 여러분이 저들의 말을 믿는다면, 여러분은 그들
을 클레오니모스의 상속자로서가 아니라 클레오니모스를 정신
나간 사람으로 판결하게 되는 것입니다. 반대로 여러분이 우리의
말을 믿는다면, 클레오니모스는 유언을 폐기하려 했을 때 적절하

게 판단했으며, 우리는 성가신 사건을 법정에 가져온 것이 아니
라 정당한 상속권을 주장하고 있는 것으로 생각하셔야 하겠습니
다. 마지막으로, 여러분, 저들의 주장에 근거하여 판결해서는 안 51
된다는 점을 유념하십시오. 소송 상대가 우리가 그 재산의 일부
를 받을 권리가 있음을 인정하는 마당에 재산 전부를 저들에게
돌아가도록 하고 또 저들이 권리를 주장하는 몫 이상으로 저들에
게 돌아가도록 하고 또 우리에게는 저들이 인정하는 것만큼도 주
지 않도록 판결한다면, 아주 황당한 일이 될 것입니다.

Ⅱ
메네클레스의 재산에 대하여

사건개요

이 변론문은 메네클레스의 재산의 청구권에 대한 반박이다. 즉 메네클레스의 양자의 상속권에 대해서 이의를 제기하면서 메네클레스의 형제가 근친권을 주장한 가운데, 양자의 장인 필로니데스가 그 양자를 위해 증언했다. 이 변론은 필로니데스의 위증죄 여부를 주제로 하여, 양자가 메네클레스의 형제에 대해 반박하는 것이다.

〈가계도〉

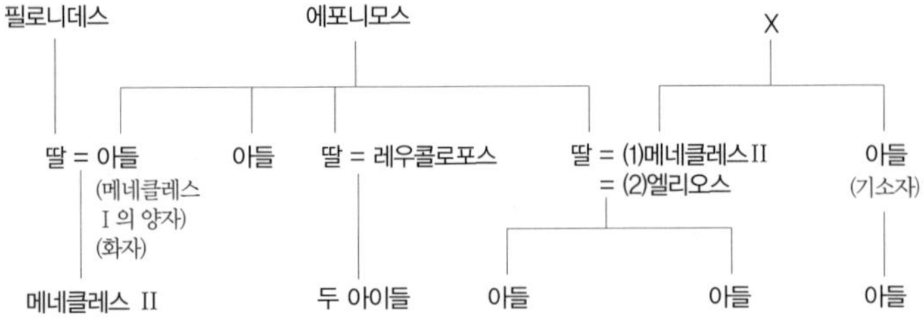

메네클레스는 에포니모스의 친구의 둘째딸을 두 번째 아내로 맞았다. 세월이 가도 아이가 없자, 메네클레스는 아내도 아이 없이 지내지 않도록 그녀를 다른 사람과 혼인하도록 했다. 그런 다음 메테클레스는 그녀의 형제를 양자로 들여 대를 잇도록 했다.

그 후 23년이 흘러 메네클레스가 죽은 다음, 메네클레스의 형제가 근친의 자격으로 양자의 상속권에 이의를 제기하고 나섰다. 이의 제기의 근거는 1) 근친이 있다는 것, 2) 입양이 여자, 즉 메네클레스의 두 번째 아내의 농간에 의해 불법적으로 이루어졌다는 것이었다. 이른바 솔론 법[34]에 따르면 여자의 농간에 의해 이루어진 입양은 무효가 된다. 3) 메네클레스 두 번째 결혼의 신부가 지참금을 가지고 오지 않았으므로 그 결혼은 무효라는 것이다.

이에 대해 양자는 먼저 입양이 합법적으로 이루어졌음을 주장한다. 메네클레스는 형제단(프라토라이)과 촌락인(데모타이)을 증인으로 부른 가운데 그를 입적했다는 것이었다. 그 다음 입양은 여자의 농간에 의한 것이 아니라는 점을 주장한다. 만일 여자의 농간이었다면, 메네클레스의 두 번째 아내는 그녀의 형제가 아니라 자신의 아들을 양자로 들이도록 했을 것이라는 것이다. 또 자신의 아버지와 메네클레스 사이에 우의가 두터웠던 점을 강조한다. 이어서 메네클레스의 두 번째 결론이 합법적으로 이루어졌음을 말한다.

논점

메네클레스는 양자를 들였고 양자 채택 이후 23년을 살았다. 그의 형제들이 그 재산에 대해 청구소송을 냈을 때 필로니데스라는 사람이 나와서 메네클레스는 아들을 남겼으므로 그 재산은 청구권 심사 대상이 아니라고 증언했다. 그러자 그 형제들은 필로니데스를 상대로 위증소송을 냈고, 그 아들이 필로니데스의 그들에 대항하여 변호를 맡았다. 이 변론은 〈클레오니모스의 재산에 대하여〉[35]와는 대조를 이루고 있다. 후자는 친족의 권한을, 전자는 유언을 옹호한다. 양측은 입장의 차이를 보이고 있다. 화자는 망자가 양자채택의 권한을 가지고 있음을 인정하지만, 논쟁의 초점으로 '그가 나를 양자로 채택한 것은 여자의 영향에 의한 것이 아니었다' 는 점을 밝히고 있다.

본론

1 여러분, 내 생각에 만일 양자채택이 합법적으로 이루어진 것이 있다면 나의 경우가 그러하며, 아무도 감히 메네클레스가 정신이상의 상태나 여성의 영향을 받아서 나를 양자로 들인 것이라고 말할 수 없을 것입니다. 그러나 내가 주장하듯이, 내 아저씨가 잘못 이해를 하여, 온갖 방법으로 자신의 죽은 형제로부터 후손을

떼어버리기 위해 애를 쓰면서, 가문의 신이나 여러분을 백안시하고 있으므로, 나는 나를 양자로 들인 내 아버지와 나 자신을 도와야 할 필요가 있게 되었습니다. 그래서 먼저 나의 양자채택은 적 2
절하고 합법적이었다는 점, 그리고 메네클레스는 아들 즉 나를 가졌으므로 메네클레스의 재산은 청구권 검사에 회부될 필요가 없다는 점, 그리고 증인의 증거는 진실이라는 점을 여러분에게 증명하려 합니다. 내가 말하고자 하는 것을 친절하게 들어주시기를 엎드려 간구합니다.

여러분, 내 아버지는 아카르나이[36]의 에포니모스로 메네클레 3
스와 친구로 의기투합했고 가까운 사이였습니다. 우리는 네형제로 아들 둘, 딸 둘이었습니다. 아버지가 돌아가시고 큰 누이가 적령기에 들어서자 우리는 20므나의 지참금을 딸려서 큰 누이를 레우콜로포스에게 출가시켰습니다. 4,5년 후에 우리 어린 누이가 4
결혼적령기에 거의 닿았을 때, 메네클레스가 그 첫 번째 아내를 잃었습니다. 그가 그녀를 위한 제사를 올리고 있을 때, 우리 아버지와 그 사이의 우정과 그가 우리에 대해 가진 호의에 대해 말하면서, 우리 어린 누이에게 청혼했습니다. 우리 아버지는 그 아닌 5
다른 사람에게 더 큰 기쁨으로 그녀를 출가시키지 않았을 것임을 알고 있었으므로, 우리는 그녀를 출가시켰습니다. 반대 소송인은 기회가 닿는 대로 지참금이 없었다고 주장하지만, 지참금 없이 출가시킨 것이 아니라, 큰 누이에게 준 것과 같은 양의 지참금을 주어 보냈습니다. 이렇게 해서 그 전에 그의 친구였으나 그의 집안 사람oikeioi이 되었습니다. 나는 먼저 메네클레스가 나의 누이와 함께 20 므나의 지참금을 받았던 사실에 대한 증거를 대야 할 것 같습니다.

증거자료

6 여러분, 이렇게 누이를 출가시키고 우리는 군대 갈 나이가 되자 군인이 되어 이피크라테스와 함께 트라케로 갔습니다. 거기서 성실히 근무한 다음 우리는 약간의 돈을 모아 이곳으로 돌아온 것입니다. 그 때 큰 누이가 자식을 둘 낳았으나, 메네클레스의 아
7 내인 작은 누이는 자식이 없음을 보았습니다. 한두 달 (즉 두 번째 혹은 세 번째 달에) 메네클레스는 우리 누이를 많이 칭찬하면서 우리에게 다가와서는 나이가 많아지는데도 자식이 없음을 걱정했습니다. 그는 우리 작은 누이가 덕이 많은데 그와 함께 늙어가면서 자
8 식도 없이 있어서는 안 될 것이라고 말했습니다. 그 자신만 자식없이 있는 것으로 충분하다는 것이었습니다. 그의 말에 따르면, 그가 우리 작은 누이를 내보낼 때는 분명히 그녀를 사랑하고 있었습니다. 누구도 그가 미워하는 사람을 위해 기도를 하지는 않기 때문입니다. 그러면서 그는 자신의 동의하에 그녀를 다른 사람에게 출가시키도록 할 것을 우리에게 부탁했습니다. 그래서 우리는 그에게 그런 일은 그 자신이 그녀를 설득하도록 하는 것이

며, 우리는 그녀가 하자는 대로 할 것이라고 했습니다. 처음에 그 9
녀는 그의 제안을 받아들이려 하지 않았으나, 시간이 흐르면서
어렵사리 그녀도 동의했습니다. 그래서 우리는 그녀를 스페토스
의 엘레이오스에게 출가시켰습니다. 그 때 니키아스의 자식들이
가진 재산의 일부-임차인으로 있던 메네클레스는 그녀의 지참금
을 그에게 전해 주었고, 그녀가 그에게로 올 때 가지고 왔던 옷가
지와 거기 있던 보석들을 그녀에게 주었습니다. 얼마 후 메네클 10
레스는 자식이 없는 상황을 어떻게 하면 모면할까를 궁리하기 시
작했습니다. 그래서 어떤 사람을 들여서 늙은 자신을 돌보도록
하고 그가 죽고 나면 장례를 치르고 자신을 위한 제사를 지내주
도록 했습니다. 그 때 내 상대 소송인이 아들 하나를 가지고 있는
것을 알고는, 그 아들을 자신의 양자로 하자고 부탁하여 그에게
서 남자 후손을 빼앗는 것은 잘못된 일이라 생각했습니다. 그런 11
데 우리보다 더 가까운 친척을 발견할 수 없었던 그는 우리에게
와서는, 그와 우리 누이 사이에 자식이 생기지 않은 것은 운명적
인 것이므로, 그가 순리에 따라 자식을 얻기를 원했던 집안의 아
들 하나를 양자로 들이고 싶다고 했습니다. 그리고 "너희 둘 중
한사람을 양자로 택하고 싶다"고 했습니다. 내 형제가 이 말을 듣 12
고는 메네클레스의 제안을 지지하면서 메네클레스가 나이가 많
고 혼자 외로우므로 누군가가 그를 돌보고 함께 거주해야 하다는
데 동의했습니다. 내 형제가 나를 가르키며 그에게 말하기를 "그

런데 당신이 알듯이, 나는 외국으로 갈 것이고, 내 형제는 여기 있으니, 만일 당신이 그를 양자로 택한다면 그가 내일 같이 당신의 형편을 돌보아주리다" 라고 했습니다. 메네클레스는 그 제안을 받아들이고 나를 양자로 택했습니다.

13 다음으로 나는 양자채택이 합법적으로 이루어졌음을 여러분에게 증명하겠습니다. 누구라도 사내자식을 갖지 않은 사람은 자신의 재산을 원하는 대로 처분할 수 있도록 규정하고 있는 법률을 읽어주시기 바랍니다. 여러분, 입법자가 이런 법을 만든 것은, 자식 없는 사람이 외로움을 면하고 안락함을 누릴 수 있는 유일한 피난처가 원하는 사람을 양자로 택하는 것임을 알았기 때문입
14 니다. 메네클레스는 자식이 없었으므로 양자채택을 허용하는 법률에 의거해서 나를 양자로 들였습니다. 여러분, 그것은 시민들 가운데 일부가 하는 것과 같은 임종에 임해서 만든 유언장에 의한 것도 아니었고 병석에 있을 때 한 것이 아니었습니다. 반대로 몸과 마음이 건강하고 자신이 하는 일을 숙지하고 있었을 때 그는 나를 양자로 택하여 집안사람들(프라토라이)과 내 소송상대인들 앞에서도 소개하고 촌락인(데모타이)으로서, 그리고 제사공동체(오
15 르게오나이)에도 등록했습니다. 그 때 내 소송상대인은 메네클레스의 이런 행위에 대해 제정신이 아니라는 이유로 반대를 한 적이 없습니다. 메네클레스가 죽은 지금 그를 모독하고 그 집안을 절단 내려 하기보다는 그 생시에 그런 저들의 입장을 지지하도록

그를 설득하기가 더 쉬웠을 터인데도 말입니다. 양자를 들인 후 1, 2년이 아니라 23년을 더 살았으며, 그동안 그는 한 번도 그가 한 일에 대해 후회한 적이 없었습니다. 그가 한 일은 조언을 잘 받아서 한 것이라고 널리 알려져 있기 때문입니다. 제 말을 입증 16
하기 위해 중개를 한 증인으로서 같은 집안 사람phratora, 제사공동체(오르게오나이) 및 촌락인(데모타이)를 여러분 앞에 소개하며, 또 메네클레스가 자유의지로 나를 양자로 택했음을 입증하기 위해 법원의 서기가 양자 채택의 준거가 되는 법조문을 여러분에게 읽어 드릴 것입니다.

증언. 법.

17 해당 법조문은 메네클레스가 자유롭게 원하는 자를 양자로 택할 수 있음을 분명하게 규정하고 있습니다. 그가 양자를 들였음을 집안 사람phratorai, 촌락인(데모타이), 제사공동체인(오르게오나이)이 여러분에게 증명했습니다. 여러분, 이렇게 우리는 분명하게 사실을 입증했고, 증인이 사실을 증명하며, 소송상대인은 양자채택의 사실에 대해 한마디도 할 수가 없습니다.

18 그 후 메네클레스는 내 신부감을 물색하기 시작하면서 내가 결혼을 해야한다고 말했습니다. 그래서 나는 필로니다스의 딸과 결혼하게 되었습니다. 메네클레스는 아버지가 아들을 위해 당연히 하듯이 나를 위해 지혜를 도모했고, 나는 친아버지에게 하듯이

그를 보살피고 존경했으며, 내 아내도 그렇게 햇으므로 그는 모든 촌락인(데모타이)에게 나를 칭찬했습니다.

19 메네클레스가 나를 양자로 택할 때 정신이상이거나 여자의 영향을 받은 것이 아니라 온전한 정신을 가지고 있었던 사실을 여러분은 다음의 사실에서 쉽게 알 수 있을 것입니다. 첫째, 내 소송상대인의 대부분 주장이 초점을 두고 있고, 그 영향으로 메네클레스가 나를 양자로 택했다고 주장하고 있는 내 누이는 내가 양자로 채택되기 오래 전에 다른 이와 결혼을 했습니다. 그러니 만일 그녀의 영향을 받아 메네클레스가 양자로 택했다면 그는 그녀의 아들 가운데서 한 사람을 양자로 택해야 했을 것입니다. 왜

20 냐하면 그녀는 두 아들을 가지고 있었기 때문입니다. 그러나 여러분, 메네클레스가 나를 양자로 택한 것은 그녀의 영향 때문인 것이 아닙니다. 메네클레스의 주요 동기는 외로움이었고, 두 번째로 내가 앞에서 말한 다른 원인들 및 그가 우리 아버지에게 가졌던 호의, 세 번째로는 자신의 집안에서 양자로 채택할 만한 사람이 없었던 것입니다. 이런 요인들이 당시 그로 하여금 나를 양자로 들이도록 했습니다. 그러니, 만일 내 소송상대인이 그의 외로움과 자식 없음을 그런 상태로만 규정하지 않는다면, 그가 정신이상이거가 여자의 영향을 받았거나 하지 않았음이 명백합니다.

21 스스로를 아주 현명하다고 생각하는 내 소송상대인이 자신의

친척 가운데 누구를 메네클레스가 양자로 채택했어야 하는지를 나에게 말해주었으면 좋겠습니다. 메네클레스가 내 소송상대인의 아들을 양자로 들였어야 하는가요? 그러나 내 소송상대인은 절대로 자신의 자식을 내주지 않았을 것입니다. 그를 주고 나면 스스로 자식이 없어졌을 테니까요. 그런 지경에 처할 만큼 돈을 탐내는 것은 아니니까요. 그러면 그의 누이의 아들 혹은 그의 남자 혹은 여자 사촌인가요? 그런데 그는 그런 친척이 없어요. 그래서 그는 다른 사람을 양자로 택하지 않을 수가 없었지요. 그렇게 22
하지 않았다면, 내 소송상대인이 그랬어야 한다고 생각하는 대로, 그는 늙고 자식도 없는 지경이 되었겠지요. 그러니, 내 생각에는, 여러분 모두, 그가 양자를 들일 때에 나보다 더 가까운 다른 사람을 택할 수가 없었던 점을 인정하리라고 생각합니다. 그렇지 않다면, 그로 하여금 그런 사람을 들어보라고 하십시오. 아마 그렇게 하지 못할 겁니다. 그는 내가 언급한 사람들 이외에 다른 친척을 갖고 있지 못하니까요.

그러나 상대인은 지금 메네클레스를 비난하는 것은 자신의 아 23
들을 양자로 택하지 않았기 때문이 아니라 그가 양자로 택하여 무자식으로 죽지 않았기 때문입니다. 이 때문에 메네클레스를 비난하는 사실은 악의적이고 부당한 것입니다. 그 자신은 자식을 가지고 있으면서 메네클레스가 무자식의 불행에 처해있음을 분명히 비난하고 있기 때문입니다. 헬레네스 인이거나 이방인이거 24

나 간에 다른 모든 사람들이 양자채택에 관련된 법을 좋은 것이라고 하고 그것을 이용하고 있습니다만, 여기 내 아저씨는 그 자신의 형제로부터 양자 채택의 권리를 박탈하는 행위를 부끄러워하지 않습니다. 누구라도 아무런 친척도 없는 사람에게까지는 시
25 기를 하지 않을 그런 권한을 말입니다. 내 생각에, 만일 누가 내 소송상대인에게 메네클레스와 같은 지경에 처한다면 어떻게 했을 것인가 하고 묻는다면, 자신이 살아있을 때 돌보아주고 죽은 다음에 장례를 치러주는 사람을 양자로 들일 것이라는 말 이외에는 할 말이 없을 것 같습니다. 그리고 분명한 것은 그 양자채택이 내가 양자로 채택된 것과 같은 법률 하에서 이루어질 것이라는 점이지요. 그러니 그 자신이 자식이 없었다면 양자를 채택했을 것이란 말입니다. 그러나 메네클레스가 같은 식으로 했을 때 그는 메네클레스가 양자를 택한 것이 정신이상이며 여자의 영향을
26 받은 것이라고 주장하는 것입니다. 그가 왜곡된 말을 하고 있는 것이 분명하지 않습니까? 내 입장에서 보면, 내 소송상대인이 그 주장이나 행위를 볼 때 오히려 정신이상 같습니다. 그는 명백히 법률과 정의, 그리고 그 자신도 그렇게 했을 행위에 반대되는 주장을 하고 있고, 또 양자채택의 법을 스스로에게는 적용시키면서 그의 형제에게는 적용되지 못하도록 하는 사실에 대해 부끄러워하지 않기 때문입니다.

27 이제 내 소송상대인이 어떤 입장의 차이 때문에 그 형제로 하

여금 자식을 가지지 못하도록 하는가 하는 점을, 여러분, 한번 들
어보실 필요가 있습니다. 만일 그가 내 이름 때문에 시비를 걸고
내가 메네클레스의 아들로 불리는 것에 반대한다면, 자신이 누추
한 질시의 희생물이 되는 것 아니겠습니까? 그러나 재물이 문제
가 된다면, 메네클레스가 남겨서 내가 가지고 있는 땅, 차지借地,
혹은 집 등 그 무엇인지를 그로 하여금 여러분에게 지적하도록
하십시오. 그러나 만일 메네클레스가 그런 재산을 남긴 것이 없
고 또 내 소송상대인이 메네클레스가 살아있을 때 고아에게 주어
야할 돈을 지불한 다음 남아있는 모든 것을 빼앗아갔다면, 그 몰
염치한 행위에 대해 그는 분명히 유죄가 되지 않겠습니까? 나는 28
이 사건의 내막을 여러분 앞에 제시하겠습니다. 고아에게 돌려줄
돈을 지불해야 할 때 메네클레스는 필요한 금액을 가지지 못했습
니다. 그리고 오랫동안 이자가 불어서 메네클레스는 토지를 팔
량이었지요. 내 소송 상대인은 나를 양자로 채택한 것 때문에 감
정을 품고는 이것을 호기로 잡고 토지를 팔지 못하도록 방해 했
습니다. 그것은 그 땅을 저당 잡히도록 하여 메네클레스가 그 소
유권을 고아에게 넘기지 않으면 안 되도록 하려는 것이었지요.
그래서 내 소송상대인은, 그 전에는 한 번도 그런 권한을 주장한
적이 없었는데도, 메네클레스 재산의 일부에 대해 청구권을 주장
하면서 매매가 이루어지지 못하도록 구매자에게 훼방을 놓았습
니다. 메네클레스는 보나마나 분통이 터졌을 것이고 내 소송상대 29

인이 주장하는 일부를 유보하게 되었으며, 그 나머지를 피토스의
필리포스에게 70므나에 팔아서 그 재산가의 1탈란톤 7므나를 고
아에게 지불했습니다. 그런 다음 그는 그 형제에게 판매를 방해
한 행위 대해 소송을 제기했지요. 소송은 오래 갔고 서로 감정이
악화되어 갔으므로, 나는 내가 욕심이 많아서 서로 형제간인 이
들을 이간질 시켰다는 말을 듣지 않기 위해서 이 문제를 소송상
30 대인의 사위와 그 친구들에게 중재를 맡기기로 했습니다. 그런데
중재를 부탁받은 사람들이 말하기를, 만일 우리가 그들에게 양측
의 권리를 판정하도록 요구 한다면 중재인의 역할을 거부하겠다
고 했습니다. 그들은 어느 편과도 불화하기를 원하지 않았기 때
문이지요. 그러나 만일 우리가 양측 모두에게 이익이 되는 방향
으로 결정하도록 그들에게 위임한다면 그들이 중재에 응할 것이
라고 했습니다. 그래서 우리는 의도한 대로 사건을 마무리 짓기
31 위해 그런 조건으로 그들에게 결정을 위임했습니다. 그들이 케팔
레의 아프로디테 신전에서 양측 모두에게 이익이 되도록 결정하
겠노라고 우리에게 맹서를 한 다음 판정을 했는데, 내 소송상대
인이 요구하는 것을 우리가 포기하고 그에게 대가없는 선물로 넘
기도록 한 것이었습니다. 중재인들은 사건을 해결하는 유일한 방
법이 내 소송상대인이 메네클레스의 재산 중 일부를 가져가는 것
32 이라고 했습니다. 그들은 결정하기를, 앞으로 우리는 서로 말이
나 행동에서 적절하게 대하고, 양측이 그렇게 하겠다는 것을 제

단 앞에서 맹서하도록 했습니다. 그래서 우리는 할 수 있는 대로, 말이나 행동에서 서로 적절하게 대하기로 맹서를 했습니다. 맹서 33
가 이루어지고 내 소송상대인들은 자신의 친구들에 의해 주어진 재산을 가지는 한편, 서로 적절하게 행동한다는 것이 바로 망자의 자식을 없애려 하고 그 집안으로부터 나를 굴욕스럽게 추방하려 하는 것입니다. 이 모든 행위에 대해서 나는 여러분 앞에 그런 결정을 내린 당사자들을 증인으로 출석시키고 싶습니다. 그런데 그들은 내 소송상대인의 친구들이므로 만일 그들이 원한다면 그렇게 하고, 만일 원하지 않는다면 그 때 임석한 사람들을 출석시켰으면 합니다. 이들 증언을 읽어주시고, 물시계를 꺼주십시 34
오.[37)]

증거

이제 토지가 70므나에 팔린 사실, 고아가 67므나를 받은 사실에 대한 증거자료를 보아주십시오.

증거

여러분, 이렇게 해서 내 경우와 같은 형식이 아니라, 실제로 메 35
네클레스의 재산을 상속받았으며, 내가 가진 것보다 더 많은 몫을 가진 것이 내 아저씨입니다. 내가 받은 것이라고는 토지를 판 대금 가운데서 떨어진 3백 드라크메와 3므나에 미치지 못하는 작은 집 하나가 있을 뿐이기 때문입니다. 반면 내 소송상대는 10므나 이상 가는 토지를 갖고 있고 지금은 망자의 집안을 절단 내려
36 고 법정으로 온 것입니다. 양자인 나는 여기 필로니데스의 딸인 내 아내의 도움으로 메네클레스가 살았을 때는 그를 돌보았고, 그 가계가 대를 잇도록 그의 이름을 내 꼬마 아들에게 물려주었습니다. 그가 죽자 나는 그를 그와 나 둘 모두에게 어울리는 격식을 갖추어 그의 장례를 치렀고, 그를 위해 훌륭한 비석을 세우고 아흐레 째 되는 날 추모제를 지냈으며, 묘지에서 다른 온갖 제식을 가능한 한 성대하게 치렀으므로, 나는 내 촌락(데모스) 모든 사
37 람들로부터 칭찬을 받았습니다. 그러나 메네클레스가 양자를 채택한 것을 비난하는 그의 친척인 내 소송상대인은 그가 살아생전에 그에게 남아있던 토지재산을 빼앗더니, 그가 죽은 지금은 그에게서 아이를 없이하고 그 이름까지 빼앗으려고 하고 있습니다. 그는 그런 류의 사람입니다. 내가 메네클레스의 장례를 치르고 사흘째와 아흐레 째 추모제와 장례와 관련한 다른 모든 제사를 지낸 사실에 대한 증거로서 이런 사실을 알고 있는 사람들의 증언을 서기가 여러분께 읽어드릴 것입니다.

증거

38 여러분, 메네클레스가 나를 양자로 들였을 때 정신이상이거나 여자의 영향을 받은 것이 아니라는 내 주장을 뒷받침하기 위해,

나는 내 소송상대인 자신을 내 증인으로, 말이 아니라 행동으로, 그들 자신의 행위를 여러분 앞에 제시하려 합니다. 잘 알려진 사실로서, 그 두 사람이 모두 메네클레스가 아니라 나와 화해를 했고, 내가 그들에게 한 것처럼 그들이 나에게 맹서를 했습니다. 만 39
일 양자채택이 합법적으로 이루어지지 않았고 내가 소송상대인 자신들에 의해 메네클레스 재산의 상속인으로 인정받지 않았더라면, 그들이 나에게 맹서를 하고 나로부터 맹서를 받을 필요가 있었겠습니까? 전혀 그럴 필요가 없었겠지요. 그런 행위를 통해 그들은 스스로 내가 합법적으로 양자채택 되었으며 메네클레스의 합법적 상속인이라는 것을 분명하게 증명했습니다. 내 생각 40
에, 여러분 모두에게 분명해진 것은 메네클레스가 정신이상이 아니었음이 내 소송상대 자신에 의해서도 인정되었으며, 오히려 지금 정신이 나간 것은 내 소송상대라는 사실입니다. 그는 우리와의 분쟁을 종결하고 맹서를 교환해놓고도 지금에 와서 다시 자신이 인정하고 맹서한 사실을 어기면서 이 보잘것없는 재산마저 나로부터 빼앗아가려고 하기 때문입니다. 내가 그 아들로 불리었고 41
나를 양자로 들였던 그를 배반하는 것이 참으로 비열한 행동만 아니었다면, 나는 기꺼이 내 소송상대를 위하여 메네클레스에 대한 내 상속권을 포기했을 것입니다. 여러분이 아시리라고 내가 믿습니다만, 전혀 남아있는 것이 없기 때문이지요. 그러나 메네 42
클레스가 재산을 가지고 있었을 때는 내가 그의 아들로서 양자제의를 받아들이고 또 토지가 팔리기 전에는 그의 재산으로 그의 촌락(데모스)에서 '김나시아르코스(훈련대장)' [38]로서 활동했으며, 그의 아들로서 명예를 얻었고, 당시 행해졌던 원정에서 그의 부
43 족과 촌락(데모스)에서 군인으로 봉사했습니다. 그런데 그가 죽은 지금 내가 그를 배반하고 그 집을 외로이 버려두고 떠난다면 몹쓸 짓이며 조롱거리로 보일 것이며 나를 욕하는 사람들에게 좋은 빌미를 주는 것이 아니겠습니까? 내가 이 문제를 두고 싸우는 것은 이 때문만도 아닙니다. 나를 슬프게 하는 것은 나를 양자로 택한 사람이 제정신에 친구 하나 얻을 수 없을 정도로 그렇게 쓸모없고 하찮은 사람이며 미친 사람으로만 비치게 될까봐 하는 것입니다.

44 그러니, 여러분, 내게 연민을 베푸시고 여기서 내 증언을 마치도록 여러분에게 청하고 양해를 구합니다. 내가 여러분에게 밝히고자 한 것은, 첫째 내가 메네클레스에 의해 합법적으로 양자채택 되었다는 점, 그리고 양자채택의 형식은 구두나 유언 분 아니라 행위 그 자체에 의한 것이며, 이 모든 사실을 나는 여러분 앞
45 에 집안사람phratorai, 촌락인(데모타이), 제사공동체 인(오르게오나이)의 증언으로 제시했습니다. 나아가 메네클레스는 나를 양자로 들인 후 23년을 더 살았음을 밝혔습니다. 또 자식 없는 사람은 양자를 들일 수 있음을 허용하는 법률을 여러분 앞에 제시했습니다. 그 외에도 나는 메네클레스가 살았을 때 그를 돌보았고 그가 죽었을

때는 그를 장사 지냈음을 밝혔습니다. 내 소송상대인은 나로부터 46 다소간에 내 아버지의 재산을 빼앗으려 하고 또 망자가 자식도 이름도 남기지 못하도록 하여, 그 대신 집안 제사를 지내고 그를 위해 해마다 제사를 지내는 사람을 없애려 하며, 그에게 돌아갈 모든 명예를 박탈하려 하고 있습니다. 메네클레스가 그 자신의 재산의 주인으로서 양자를 들여서 이 모든 혜택을 누리려 한 것은 바로 이런 상황을 막으려 했던 것입니다.

그러니, 여러분, 내 소송상대인의 말을 귀담아 듣지 마시고 내 47 가 받은 유산의 마지막 잔재인 내 이름을 빼앗지 마시며, 메네클레스의 양자 채택을 무효로 만들지 말아주십시오. 이 사건의 판결이 여러분에게 위임되어 여러분이 올바른 판결의 주체가 되었으므로, 우리와 저 세상에 가있는 메네클레스 양편 모두를 도와주시고, 메네클레스로 하여금, 신과 정령들의 이름으로 여러분에게 청컨대, 내 소송상대인에 의해 모욕을 당하도록 하지 마시며, 법과 여러분이 한 맹서, 그리고 내 입장을 지지하는 논증들을 유념하셔서, 법에 의거하여 정당하고 여러분이 한 맹서에 어울리는 판결을 내려주십시오.

III

피로스의 재산에 대하여

사건개요

적자가 없었던 피로스는 자신의 누이의 아들 엔디오스를 입양하여 자신의 재산을 상속받도록 유언을 작성했다. 피로스가 죽고 엔디오스가 아무 문제없이 20년간 그 재산을 가졌다. 엔디오스도

〈가계도〉

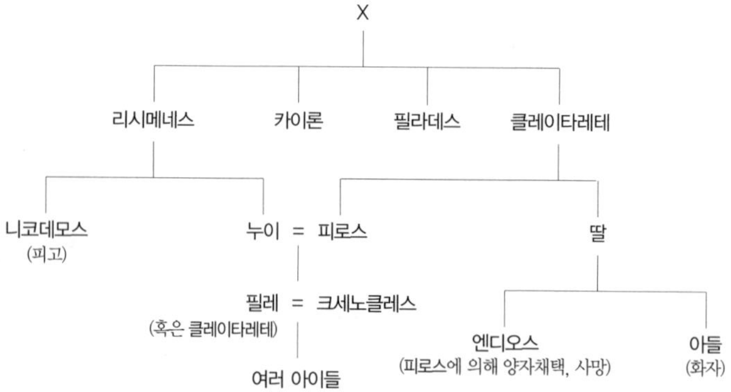

적자 없이 죽었으나, 그는 양자였으므로 스스로 유언을 통해 다른 이에게 재산을 물려줄 권한이 없었다. 그래서 재산은 피로스의 합법적 상속자에게 돌아가야만 하게 되었다. 이 변론의 화자話者는 엔디오스의 형제이다. 이들의 어머니는 피로스의 누이였으므로 화자는 근친권을 통해 상속권을 주장한다.

그런데 엔디오스가 죽은 지 이틀 만에 필레의 남편인 크세노클레스가 그 아내가 상속권이 있음을 주장하면서 나섰다. 자신의 아내가 피로스의 친딸이라는 것이었다. 크세노클레스는 '이의제기diamartyria' 절차를 통해 아내의 상속권을 요구하고 나섰고, 필레는 니코데모스의 누이와 피로스 간 합법적 혼인에 의해 태어난 적법한 딸이라고 주장했다. 이 때 '이의제기'는 직접 소송dike보다 청구인에게 위험부담이 더 적은 것으로 묘사된다.

이에 대해 화자는 크세노클레스를 위증으로 몰고, 또 크세노클레스를 지지하는 니코데모스 위증으로 비난한다.

논점

피로스는 그 누이의 두 아들 가운데 한 명인 엔디오스를 양자로 들였다. 엔디오스는 20년 이상 그의 재산을 향유하다가 사망했다. 그 때 크세노클레스가 그의 아내인 필레의 이름으로 재산에 대한 소송을 내고는, 그녀가 피로스의 친딸이라는 사실을 맹서했다. 한편 엔디오스의 어머니가 상속권을 주장하고 나섰고, 크세노클레스는 위증으로 유죄판결을 받았다. 또 니코데모스가 자신의 누이를 피로스에게 합법적으로 출가시켰으며, 필레는 그녀의 딸이라고 증인을 섰다. 엔디오스의 형제는 필레가 사생아로 피로스가 정부로부터 낳은 자식이며, 엔디오스가 그녀를 크세노클레스에게 출가시킨 것이라고 말했다. 입장의 차이는 이런 문제를 둘러싼 것이며, 소송은 니코데모스의 위증 여부에 관한 것이다.

본문

1 재판관 여러분, 내 어머니의 형제인 피로스는 적법한 자식이 없어 내 형제 엔디오스를 그 양자로 들였습니다. 엔디오스는 피로스의 재산을 물려받았고 20년 이상을 더 살았습니다. 이 긴 세월 동안 아무도 그 재산에 대해 청구권을 주장하거나 그 상속권
2 을 문제 삼은 적이 없었습니다. 내 형제가 작년에 죽자, 필레가 우리 아저씨의 적법한 딸이라고 하고, 그녀의 합법적 대리인으로 코프로스 인 크세노클레스를 내세우면서, 최종 상속자를 무시한 채 피로스 재산에 대해 상속권을 주장하고 나섰습니다. 그 재산은 3탈란톤으로 평가된 사실이 있으며 피로스가 죽은 지가 20년
3 도 넘는 지금에 와서 말입니다. 우리 어머니인 피로스의 누이가 상속권을 주장하자 무모하게도 소송을 제기한 여인(필레)의 법적

대리인은 우리 어머니 형제의 재산이 어머니에게로 귀속판결 되
어서는 안 된다고 이의를 제기했습니다. 이유는 원래의 소유주인
피로스에 합법적 딸이 있었다는 것입니다. 우리는 이런 이의제기 4
diamartyria를 인정하지 않았고 여러분 앞에 무모하게 그 일을 꾸민
사람을 소환했습니다. 거짓 증거를 댄 것으로 확실하게 그의 유
죄를 입증하여, 우리는 여러분으로부터 그가 위증을 한 것이라는
판결을 얻어냈습니다. 동시에 우리는 이 재판의 피고인 니코데모
스를 여러분 앞에 고발했습니다. 그가 뻔뻔하게도 적법한 절차를
통해 자신의 누이를 우리 아저씨에게 출가시켰다는 증언을 했으
므로 염치없이 증거를 조작했기 때문이었습니다. 지난 번 재판에 5
서 니코데모스의 증거가 거짓이었음이 인정된 사실은 당시 증인
이 유죄선고를 받은 사실이 증명합니다. 만일 현재의 피고가 위
증하지 않은 것으로 인정되었다면, 다른 증인도 이의제기에서 무
죄방면 되었을 것이고, 우리 아저씨의 적법한 딸이라고 주장하는
여인은 우리 어머니 대신에 상속녀로 확정되었을 것입니다. 그러 6
나 증인이 유죄로 판명 났고 피로스의 적법한 딸이라고 주장했던
여인은 재산에 대한 권한을 포기했으므로, 당연한 결과로 니코데
모스의 증거도 폐기되었습니다. 이와 관련한 진술의 진실성에 대
해 엄숙하게 선서한 다음, 그는 내 아저씨 재산에 대해 청구권을
주장한 그 여인이 적법한 처의 자식인지 아니면 정부의 자식인지
를 결정하는 위증소송에서 한 편에 섰습니다. 우리의 선서와 니

코데모스가 제시한 증거, 기각된 진술을 들으신다면, 여러분도
7 또한 이 사실을 알게 될 것입니다. 이와 관련한 기록을 들고 법정에서 읽어주십시오.

선서, 증거, 진술

니코데모스가 위증을 했을 때 바로 모든 이에게 명백해 진 사실이 여기 제시되었습니다. 그러나 그가 제시한 증거의 허위성은 이 문제에 대해 판결을 내리려는 여러분 앞에서도 증명되어야 하
8 겠습니다. 여기서 나는 먼저 몇 가지 질문을 하려 합니다. 니코데모스는 그의 누이를 3탈란톤의 재산을 가진 사람에게 출가시켰다고 증언했습니다. 그가 그녀에게 주었다고 주장하는 지참금은 무엇일까요? 그리고 혼인한 그 아내가 남편이 살아있을 때 그를 떠났을까요? 아니면 죽은 다음 그 집을 떠났을까요? 또 네 소송상대인은 그가 지참금을 주어 출가시켰음을 보증한 그 사람이 죽은
9 다음에 자신의 누이의 지참금을 누구로부터 받아냈을까요? 혹은, 만일 그가 지참금을 반환받지 못했다면, 20년 동안이나 토지를 점유하고 있던 사람에게서 그녀의 생활비나 지참금을 받기내기 위해 어떤 소송을 내는 것이 적합하다고 생각했던가요? 혹은 그긴 세월 동안 자신의 누이의 지참금과 관련하여 증인이 출석한 가운데 상속인에게 가서 청구를 한 적이 있었던가요? 피고의 증

언에 따르면 합법적으로 혼인한 그 여인을 위하여 이런 조처들
가운데 왜 아무 것도 취하지 않았는지 그 이유를 내가 알 수 있다
면 좋겠습니다. 더구나, 어떤 다른 사람이 피고의 누이와 합법적 10
으로 혼인한 사람이 있었던가요? 즉 우리 아저씨가 그녀를 알기
전에 다른 이가 그녀와 관계를 했거나, 아저씨가 그녀와 사귈 때
다른 이가 그녀와 사귀었거나, 혹은 아저씨가 죽은 다음에 그랬
거나 간에 말입니다. 왜냐하면, 그녀의 형제인 그는 그녀를 그녀
와 연관된 모든 사람에게 같은 조건으로 혼인시킨 것이 분명하니
까요. 이 모든 사람을 하나하나 열거하자면, 보통 일이 아닐 것입 11
니다. 만일 여러분이 나에게 그렇게 하도록 허용하신다면, 나는
그중 몇 사람을 들 수 있습니다, 그러나 그런 것을 거론하는 것이
내게 그런 만큼이나 여러분 가운데 일부가 그런 것 듣는 것을 불
쾌해 하신다면, 나는 지난 번 재판에서 했던 것과 같은 선서를 하
는 것으로 대신하겠습니다. 그 선서는 그들이 반박할 엄두를 내
지 못했던 것입니다. 그런데 그녀가 그녀를 원하는 누구에게나
주어졌다는 사실을 그들 자신이 일단 인정을 한 마당에, 상식적
으로 어떻게 그녀가 혼인한 아내였던 것으로도 인정이 될 수 있
습니까? 또 정작 이 점에 관해 그들은 그런 증거에 대해 이의를 12
제기하지 않았으므로, 그들은 실제로 이런 사실을 인정하는 것입
니다. 여러분도 그에 관한 선서를 들으신다면, 피고가 분명히 거
짓 증언을 하고 있다는 것, 그리고 이 사건을 재판한 사람들이 여

인이나 사생아에게 재산이 넘어가서는 안 된다고 결정한 것이 적절하고 합법적인 판결이었음을 이해하게 될 것입니다. 선서를 읽어주십시오. 그리고 여러분, 물시계를 멈추어 주시기 바랍니다.

증언

13 내 소송상대인이 우리 아저씨에게 합법적으로 혼인시켰다고 주장하는 이 여인은 그가 누구에게나 그녀를 맡기는 정부였고 그 아내가 아니었던 사실이 다른 지인들이나 피로스의 이웃에 의해서도 여러분에게 밝혀졌습니다. 이들은 피고의 누이가 피로스의 집에 있었을 때 그녀가 연루된 싸움, 연애, 방종한 행위에 대해서
14 증언을 하고 있습니다. 그런데 아무도, 내 생각에, 혼인한 여인에게는 구애하지 않을 것이며, 또 혼인한 여인은 자신의 남편과 함께 파티에 가거나 이방인, 특히 우연히 온 손님들과 어울려 여흥을 즐길 생각을 하지 않습니다. 그러나 우리 소송 상대인들은 이런 일에 대해 증언한 사람들의 증거에 대해 어떤 항의도 하려고 하지 않았습니다. 내가 진술한 것이 사실임을 증명하기 위해 다시 그들에게 관련 선서를 읽어주십시오.

선서

15 이제, 그녀가 어떤 사람의 손에서도 놀아나는 정부였으며, 어떤 다른 사람의 아이를 낳은 적이 없음을 사람들이 알 수 있도록,

그녀와 어울렸던 사람들에 대한 선서를 읽어주십시오. 그들을 향해 읽어주시기 바랍니다.

증언

피고가 우리 아저씨에게 합법적으로 혼인시켰다고 주장하는 16
이 여인이 그녀와 어울리고 싶어 하는 모든 사람의 것이었던 사실, 그리고 그녀는 분명히 누구와도 혼인하거나 지속적으로 산 적이 없음에 대해 많은 사람들이 증거를 제공한 사실을 여러분은 유념하시기 바랍니다. 다음에는 실제로 우리 아저씨에게 그런 혼인이 있었던 것으로 가정하고, 그런 여인과 실제로 혼인이 성사
되었던 것으로 간주될 수 있는 상황을 생각해보도록 합시다. 이 17
전에 젊은이들이 그런 여인과 사랑에 빠져 감정을 통제하지 못하여 어리석게도 이런 식으로 자신을 파멸로 몰아갔으니까요. 어떤 일이 있었던가에 관해서는 우리의 소송상대인이 지난 번 재판에서 제시한 증거들과 사건 자체의 존재 가능성을 고려하는 것보
다 더 확실한 지식을 어떻게 얻을 수 있겠습니까? 이제, 그들 주 18
장의 뻔뻔함에 대해 생각해보도록 합시다. 그 자신들의 주장에 따르면, 누이를 3탈란톤의 재산을 가진 사람에게 출가시키려 한 사람이, 그런 중대한 일을 계획할 때에, 자신의 편에 한 사람 피레티데스만 출석 시켰다고 합니다. 피레티데스의 서면으로 된 선서를 저들이 지난 번 재판에서 제출했지요. 피레티데스는 이 선

서를 부정하고, 자신이 선서를 한 사실과 선서에 쓰인 내용의 진
19 실성 여부에 대해 알지 못한다고 합니다. 여기서 이 선서가 우리
의 소송상대인에 의해 확실히 위조된 것이라는 점이 분명히 증명
됩니다. 여러분 모두 알고 계시듯이, 증인을 필요로 하는 중요한
행위를 다룰 때는 보통 가장 가까운 친척이나 가장 친한 친구들
을 사실에 대한 증인으로 택합니다. 그러나 갑자기 벌어진 예기
치 않은 사건의 경우 언제나 우연하게 관련된 사람을 증인으로
20 부르게 됩니다. 증거를 제출할 때 우리는 그가 누구이든 어쩔 수
없이 곁에 있는 사람을 증인으로 쓰게 됩니다. 그러나 아프거나
외국으로 가게 된 증인으로부터 서면 선서를 얻게 될 경우에는,
우리 각자는 동료시민 가운데 가장 명성이 있거나 우리에게 잘
알려진 사람을 선호하며, 언제나 서면 선서는 한 두 사람 앞에서
21 가 아니라 될 수 있는 대로 많은 사람들 앞에서 만듭니다. 그것은
훗날 선서증인이 그 선서를 부정하는 일이 없도록 하고 또 많은
정직한 사람들의 만장일치의 증언에 의해 여러분 앞에 제기되는
22 증거에 더 큰 무게를 주려는 것이었습니다. 그래서 크세노클레스
가 베사[39] 광산에 있는 우리 작업장으로 왔을 때, 철거와 관련된
증인으로서 그곳에서 우연하게 마주칠 증인에 의존하는 것이 미
흡하다는 생각에, 아테네에서 지난 번 재판에서 그를 변호해주었
던 스페토스의 디오판토스와 엘레우시스의 도로테오스와 그 형
제 필로카레스 등 많은 증인들을 동원해서는 여기서 그곳까지 거

의 300스타디온(약 55km) 되는 거리를 데려갔지요. 그러나 그 자신 23
의 아이들의 할머니의 결혼 문제에서는, 자신이 말하는 것처럼, (아테네) 시내에서 서면 증언 하나를 얻어냈을 때는, 그 친구 가운데 에르키아의 디오니시오스와 아이탈리다이의 아리스톨로코스 이외에는 아무도 소집하지 않은 것으로 보입니다. 이 두 명 앞에서 내 소송상대는 서면 증언을 얻어냈다고 합니다. 이들 앞에서 얻은 그와 같은 문서는 어떤 경우에도 다른 이는 아무도 믿지 않
을 것입니다. 혹은, 맙소사, 그들이 피레티데스로부터 증언을 얻 24
어냈다고 말하는 것이 그렇게 중요한 일이 아니므로 사건을 가볍게 처리한 것이 놀랄 일이 아니라고 주장할 수도 있을 것입니다. 그러나 크세노클레스가 피고가 된 위증재판은 그 자신의 아내가 정부의 자식인지 합법적 아내의 자식인지를 가리는 문제에 관한 것인데 어떻게 중요한 것이 아닐 수 있습니까? 이와 같은 선서가 정말 진실된 것임을 증명하기 위해 그가 자신의 모든 친구들을
동원하는 것이 바람직하다는 생각을 하지 않았을까요? 선서가 진 25
실이라면, 내 생각에는, 제우스의 이름을 걸고, 그가 그렇게 했을 것이라고 봅니다. 그런데 우리가 알기로, 크세노클레스는 그렇게 하지 않았고 이 선서를 우발적 증인 두 사람 앞에서 얻었습니다. 그러나 이 사건의 피고인 니코데모스에 따르면, 그가 자신의 누이를 3탈란톤을 소유한 사람에게 출가시킬 때, 한 사람의 증인만
동행하도록 청했다고 합니다. 그와 함께 출석한 유일한 사람이 26

그의 주장을 부인하는 피레티데스라는 것입니다. 다른 한편, 리시메네스와 그 형제들인 카이론과 필라데스는 말하기를, 자신들이 신랑의 아저씨들이었는데, 피로스가 이 화려한 결혼식을 추진
27 할 때 그에 의해 초대되어 그 결혼식에 참석했다고 합니다. 이제 이들의 말이 신빙성이 있는지를 여러분이 살펴보아야 하겠습니다. 순리대로 판단한다면, 가문에 수치가 되는 계약이나 행위를 계획하고 있었다면 피로스는 그런 죄스런 일에 자신의 아저씨들을 초청하기보다 오히려 그 사실을 모든 친구들에게 비밀로 하려 했을 것 같은 생각이 듭니다.

28 내가 의아해하는 또 다른 일은 그녀를 준 쪽이나 혼인하여 받아들인 쪽이거나 간에 지참금에 관한 아무런 계약이 없었다는 것입니다. 한편으로, 만일 니코데모스가 지참금을 주었다면, 결혼식에 참석했다고 주장하는 사람들의 증언에서 지참금의 액수가 언급되어야 하는 것이 도리일 것입니다. 다른 한편, 내 아저씨가 감정에 휘말려 이와 같은 여인과 계약을 맺게 되었다면, 그녀를 출가시킨 그는 상대로부터 그녀와 함께 돈을 받았다는 계약서를 용의주도하게 받아두어서 피로스가 마음대로 여인을 쫓아내지
29 쉬 못 하도록 했을 것입니다. 또 그녀를 출가시킨 측에서는 그녀와 혼인하는 측보다 더 많은 증인들을 불러들일 가능성이 있다고 봅니다. 왜냐하면 여러분 모두 아시다시피, 그런 결합은 오래 가기가 어렵기 때문이지요. 자신의 누이를 혼인시켰다고 주장하는

그는 지참금 관련 계약도 없이 3탈란톤의 재산을 가진 사람에게 그녀를 출가시켰다고 하고, 또 자신들의 조카가 지참금도 없는 이와 같은 여인과 결혼할 때 그 조카 측 증인으로 입회했다고 증언했습니다.

바로 이 아저씨들이 피로스의 딸로 선언된 아이를 위해 열흘 30
째 벌이는 잔치에 조카의 초대를 받아 참석했다고 증언했습니다. 여기서 나는 참으로 기가 막힙니다. 남편은 아내의 부계 재산권을 주장하기 위해 자신의 아내의 이름이 필레라고 하는 반면, 열흘 째 잔치에 참석했다고 주장하는 피로스의 아저씨들은 그녀의 아버지가 그녀 할머니의 이름을 따서 그녀를 클레이타레테라고
지었다고 증언했습니다. 그녀와 8년 이상을 살았던 사람이 그 아 31
내의 이름조차 모른다는 사실이 내게는 놀랍습니다. 그 전에 자신의 증인들로부터 이름을 알아내지 못한 걸까요? 자신의 아내의 어머니는 그 오랜 세월동안 그에게 딸의 이름을 한 번도 말해준 적이 없었던가요? 그녀의 아저씨 니코데모스 자신도 말해준 적이 없었나요?

그런 것이 아니라, 그녀의 남편은, 그녀 할머니의 이름(클레이타 32
레테)이 그녀 아버지에 의해서 주어진 사실이 실제로 알려져 있었다 해도, 그녀에게 그녀 할머니의 이름을 붙이는 대신, 필레라는 이름을 붙였으며, 이것이 그가 그녀의 부계 상속권을 주장할 때였던 것입니다. 그의 목적이 무엇이었을까요? 남편이 그 아내로

부터 그녀의 아버지에 의해 주어진 그녀 할머니의 이름에 대한
33 권리를 빼앗으려고 했을까요? 여러분, 오래 전에 일어났다고 증
언한 사건들이 재산권을 주장하기 위해 훗날 조작된 것이 명백하
지 않습니까? 그렇지 않은 것이라면, 그들 자신의 말대로, 조카인
피로스의 딸을 위한 열흘 째 잔치에 초대된 그들이, 그것이 언제
든, 먼 옛날의 일, 즉 그녀의 아버지가 그 잔칫날 그녀를 클레이
타레테로 이름을 지어준 사실에 대해 그렇게 정확한 기억을 가지
34 고 법정으로 왔는데도, 가장 가까운 친척인 그녀의 아버지, 그녀
의 아저씨, 그녀의 어머니는 자신들이 피로스의 딸이라고 주장하
는 아이의 이름을 모르는 일이 있을 수가 없겠지요? 만일 그 사실
이 진실이라면, 분명히 그들은 그것을 알고 있었을 테지요. 그러
나 이들에 관한 것은 나중에 다시 언급하도록 하겠습니다.
35 니코데모스의 증언과 관련해서는 그가 명백히 위증을 했다는
사실을 실제 법률조문에서 증명해내는 것이 어렵지 않습니다. 사
람이 계약 시 정확하게 산정되지 않은 금액을 여인에게 준다면,
그리고 만일 아내가 그 남편을 떠나거나, 남편이 아내를 버리게
되면, 돈을 준 남자는, 법적으로 말하면, 건네주었으나 계약 시
액수를 산정 확인하지 않은 돈을 되돌려 받을 수가 없습니다. 피
고가 지참금 관련 계약서도 없이 누이를 출가시켰다고 말하는 것
36 을 통해 뻔뻔한 주장을 하고 있음이 분명히 드러납니다. 만일 남
편이 원할 때 언제라도 아내를 쫓아낸다면, 그 결혼에서 그가 얻

는 것이 뭐가 있겠습니까? 지참금 지불에 대해 약정을 맺지 않았다면, 남편이 그녀를 쫓아낼 때, 정말 그렇게 할 가능성이 있을 것입니다. 지난 날 그녀가 자식이 없었음을 시종 알고 있었고 또 계약서에 액수가 산정되어 있었다면 자식을 낳기 전에 그녀에게 무슨 일이 생길 경우 지참금이 그에게로 돌아오도록 되어있는데도, 니코데모스가 계약서도 없이 그 누이를 우리 아저씨에게 출가시켰을까요? 그것도 그가 내내 그녀가 자식을 나은 적이 없다는 사실, 그리고 지참금이 만일 기재되어 있었더라면 그녀가 아이를 낳기 전에 무슨 일이 생기면 그 지참금이 자신에게 돌아오
리라는 것을 알고 있었을 것인데도 말입니다. 여러분 가운데 누 37
구라도 니코데모스가 돈에 그렇게 무관심하여 그런 것들에 신경을 쓰지 않았던 것이라고 진실로 믿는 분이 있습니까? 나로서는 그렇지 않다고 봅니다. 더구나, 자신이 소속되어 있다고 주장하는 형제단phratorai 중 한 사람에 의해 시민권을 부당하게 획득한 것으로 고발되었을 때, 겨우 4표 차이로 그 권한을 얻게 된 사람의 누이와 결혼하려고 내 아저씨가 생각 했겠습니까? 내가 말한 사실을 증명하기 위해 증언을 읽어주십시오.

증언

이렇게 니코데모스는 그녀가 아이를 낳기 전에 그녀에게 무슨 38
일이 생기면 그 지참금이 자신에게 돌아오게 되어있는 사실에도

불구하고, 이렇다 할 지참금 없이 우리 아저씨에게 자신의 누이를 출가시켰음을 증명한 것입니다. 이제 재판관 여러분들에게 이 법을 들고 읽어주십시오.

법률

39 니코데모스가 그렇게 돈에 무관심하여 자신이 주장하는 대로 자신의 이익을 위해 용의주도하게 배려를 하지 않은 것이라고 여러분은 생각하십니까? 맙소사, 나는 그가 그런 것에 대해 배려를 했을 것이라고 믿습니다. 여인을 정부로 다른 사람에게 주는 경우에도, 그 여인에게 돌아가는 것이 있도록 미리 계약을 맺는 것이기 때문입니다. 그리고 니코데모스는, 하찮은 대가를 받기 위해 법정에서 거짓 발언[40]할 정도로 집착이 강한 사람인데도, 그 자신의 말을 빌린다면, 그 누이를 출가시킬 때 합법적 결혼이라는 것에만[41] 만족했을까요?

40 그의 교활함에 대해서는 내가 말하지 않아도 여러분 가운데 많은 분이 알고 있으므로, 내가 그에 대해 말하는 것에 관련하여서는 증인들이 없지 않습니다. 그러나 나는 먼저 그가 제시하는 증거와 관련하여 가장 무모한 것에 관해 그를 비난하려고 합니다. 니코데모스여, 말해보시오. 만일 당신이 당신 누이를 내 아저씨에게 출가시켰고, 또 피로스가 그녀에게서 적법의 딸을 얻은 사

41 실을 당신이 알고 있었다면, 당신이 우리 아저씨가 남겨놓았다고

주장하는 합법의 딸에 대한 아무런 지분 없이 내 형제에게 유산이 검증 귀속[42] 되도록 그냥 내버려두었단 말이오? 유산의 검증 절차를 통해 당신 조카딸이 사생아로 간주된다는 것을 몰랐다는 것이오? 왜냐하면, 누구라도 재산검증을 요구한다는 것은 피상속자의 딸을 사생아로 보려 하는 것이기 때문입니다. 이미 그 전 42
에 내 형제가 피로스에 의해 양자로 채택되었음이 그와 같은 사실을 보여주는 것입니다. 아무도 자신이 죽은 다음 남아있을 딸에 대한 지분 설정 없이 자신의 재산을 유증하거나 처분할 권한이 없기 때문이지요. 여러분이 법률조문을 들으시면 이 점을 이해할 것입니다. 이 법률을 재판관들에게 읽어주십시오.

법률

자신의 누이를 출가시켰다고 주장하는 사람이 이런 일이 진행 43
되도록 방관하고, 엔디오스가 유산 검증을 통해 재산을 차지할 때 그녀의 유산에 대한 청구권을 주장하지 않고 그녀 아버지의 재산이 엔디오스에게 유증되어서는 안 된다는 항의를 하지 않았다는 사실을 인정할 수 있습니까? 그리고 우리 형제가 자신에게 유산이 상속되도록 재판소에 검증을 요구했을 때 아무도 그 주장을 반박한 사람이 없었다는 사실이 증언에 의해 증명됩니다. 증언을 읽어 주십시오.

증언

44 유산 검증이 이루어졌을 때, 니코데모스는 상속권을 주장하거
나 자신의 조카딸이 피로스의 합법적 딸이라는 주장을 하지 않았
습니다.

45 유산 검증에 관련하여 거짓 해명이 여러분에게 제시될 수 있습
니다. 니코데모스는 이에 관해 알지 못했다든가, 아니면 우리가
거짓말을 한 것이라고 비난할 수도 있을 것입니다. 후자의 경우
는 무시하기로 하고, 전자의 사항에 관해서는, 엔디오스가 당신
의 조카딸을 크세노클레스에게 출가시킬 때, 니코데모스여, 당신
은 적법한 아내에 의해 피로스에게 생긴 적법한 딸이 정부의 아
46 이와 같은 조건으로 혼인한 사실을 참고 있었단 말이오? 또 양자
에 의해 이렇듯 홀대받고 아버지의 유산을 빼앗긴 상속녀가 당하
는 부당함을 아르콘(관리)의 재판소에 고소하지 않았단 말이오?
더구나 이런 소송은 고소인 측에 아무런 위험부담이 없는 유일한
사안이며, 원하는 사람은 누구나 상속녀의 권한을 변호할 수 있
47 도록 되어 있는데도 말입니다. 고소인이 단 한 표의 지지를 얻지
못 한다 해도 관리에게 재판을 청구하는 행위에 대해 벌금이 부
과되지 않고 고소 행위에 대한 공탁금이나 재판비용도 없습니다.
원고는 고소를 제기하는 데 아무런 위험부담이 없으나, 그런 고
48 소를 통해 유죄선고를 받는 사람에게는 중형이 선고됩니다. 그런
데, 니코데모스의 조카딸이 우리 아저씨의 적법한 아내의 딸이라

면, 왜 정부의 아이와 같은 조건으로 혼인하도록 내버려 두었겠습니까? 그리고 그런 일이 있었을 때 상속녀가 그녀를 출가시킨 사람에 의해 피해를 보았다는 것을 아르콘(관리) 앞에 고소하려 하지 않았겠습니까? 니코데모스여, 당신이 지금 증언하려고 하는 것이 사실이라면, 그녀를 학대하는 그에게 바로 벌이 주어지게 되었을 것이요. 아니면 이런 것들도 몰랐다고 할 것이오? 49. 그 49
다음, 그녀와 함께 주어진 지참금에 대해 일말의 걱정도 안 되었단 말이오? 지참금 문제만 해도 당신은 화가 나서 엔디오스를 고소했을 것 아니겠소? 엔디오스가 3탈란톤의 재산을 혼자서 차지하고, 피로스의 합법적 딸을 다른 사람에게 출가시킬 때에 1천 드라크메만 떼어주었는데도 말입니다. 이런 처사에 대해 니코데모스가 화가 나서 엔디오스를 고소하지 않았을까요? 제우스의 이름을 걸고, 만일 그의 주장이 사실이라면 그는 분명히 그렇게 했을 것입니다. 엔디오스나 다른 양자가 피상속자의 합법적 딸과 50
스스로 결혼하지 않고 그녀를 다른 사람에게 출가시킬 만큼 그렇게 바보같이 현행법을 모른다는 사실을 나는 전혀 인정할 수 없습니다. 왜냐하면, 합법적 딸의 자식들은 할아버지의 재산 전체를 상속할 권리가 있다는 것을 잘 알고 있었으니까요. 그런 것을 알고서도 누가 자신의 재산을, 그것도 소송 상대인이 주장하는 만큼의 가치에 상당하는 시가의 재산을 다른 이에게 넘겨줄까요? 양자가 합법적 딸을 그 아버지 재산의 1/10도 안되는 지참금으로 51

출가시킬 만큼 염치없고 뻔뻔하다는 사실을 여러분은 상상할 수 있습니까? 그리고 만일 그가 그렇게 했다 해도, 그녀의 어머니를 출가시켰다고 주장하는 그 아저씨가 그것을 그냥 보고 있었을까요? 나는 그렇게 생각하지 않습니다. 오히려 재산권을 주장하고 그 양자를 관리에게 고소 비난하여 가능한 한 강력한 대책을 강
52 구했을 것이라고 봅니다. 엔디오스는 니코데모스가 자신의 조카딸이라고 주장하는 여인을 정부의 딸 같은 조건으로 출가시켰는데도, 니코데모스는 엔디오스로부터 피로스의 재산을 가져오려고 생각하지 않았고, 또 엔디오스가 니코데모스의 조카딸을 정부와 같은 조건으로 출가시키는데도 관리에게 고소하지 않았고 그녀에게 주어진 지참금에 대해서도 화를 내지 않았습니다. 이런 사안에 대해서 전혀 반응을 하지 않았던 것이지요. 그런 점에 관
53 해서 명백한 법이 있는데도 말입니다. 먼저 서기가 여러분에게, 두 번째로, 재산의 검증절차에 대한 청구에 대한 증언과 여성의 결혼에 관한 증언을 여러분께 낭독해드릴 것입니다. 증언들을 법정에 읽어주십시오.

증언

이제 법률을 읽어주십시오.

법률

이제 니코데모스의 증언을 들어주십시오.

증언

고소인이 어떻게 소송상대의 실제 행위와 우리 나라의 법률에 근거한 증거를 제시하는 것보다 더 분명하게 위증죄를 입증할 수 있겠습니까? 이제 나는 피고에 관해 할 말을 거의 다 했습니다. 소송상대인의 조카딸의 남편의 행위가 니코데모스의 위증에 대한 설득력 있는 근거가 될 수 있는지를 생각해주십시오. 크세노 55 클레스가 그녀와 결혼하고 정부의 딸인 그녀를 아내로 받아들인 사실도 증명되었습니다. 이것은 사실이며, 크세노클레스 자신이 그 오랫동안의 행위에 의해 그것을 증명했습니다. 만일 그가 엔디오스로부터 그녀를 정부의 딸로서 받아들인 것이 아니라면 이미 그녀에게서 난 아이들이 일정한 나이에 다달았는데도 그가 피로스의 합법적 딸인 그녀를 위해 엔디오스가 살아있을 때, 그녀 아버지의 재산권을 주장했을 것이 명백하기 때문입니다. 특히 엔 56 디오스가 피로스에 의해 양자로 채택된 사실을 부인하려고 했으니까요. 그리고 피로스가 유언장을 만들 때 출석했다고 주장한 사람들을 그가 비난한 것이 바로 그 때문이기 때문입니다. 내가 진실을 말하고 있음을 증명하기 위해 서기가 그때 행해진 증언을 읽어드릴 것입니다. 그것을 법정에 읽어주십시오.

증언

57 그들이 피로스에 의해 엔디오스가 양자로 채택되었음을 인정하지 않는 또 다른 증거, 즉 그렇지 않았다면 마지막 상속자가 오랜 기간 점유한 사실을 무시하고 이 여인의 상속권을 주장하려 하지 않았을 그런 증거가 있습니다. 피로스가 죽은지 20년 이상

58 이 지났고, 엔디오스는 작년 메타게이트니온 달(8~9월)에 죽었는데, 바로 그 달, 엔디오스가 죽은 지 바로 이틀 후에 그들은 상속권을 주장했습니다. 지금 법률에 다르면, 상속권에 대한 검증재판 청구는 마지막 상속자가 죽은 지 5년 이내에 하도록 되어 있습니다. 그러니 두 가지 가능성이 그 여인에게 열려있었는데, 하나는 엔디오스의 생시에 부계 유산을 요구하든지, 아니면 그 양자가 죽었을 때 그녀의 형제의 재산이 그녀에게로 검증 유증되어야 한다고 주장하는 것이었습니다. 특히, 우리의 소송상대인이 주장하는 것처럼, 그가 그녀를 크세노클레스에게 자신의 합법적

59 누이로서 출가를 시켰다면 말입니다. 우리 모두가 잘 알고 있는 것은 우리 각자가 형제의 재산에 대한 검증 유증을 요구할 수 있는 권한을 가지고 있으나, 만일 피상속자가 자신의 몸에서 낳은 합법적 자식을 가지고 있을 때는 아무도 그 부계 재산을 자신이 검증유증 받도록 요구할 수가 없다는 것입니다. 이 점에 관해서는 더 상술할 필요가 없을 것 같습니다. 여러분 모두, 그리고 다른 모든 시민들이 법원에 의한 유증 검증 절차 없이 부계 재산을

소유하고 있기 때문이지요. 그런데 우리의 소송 상대인은 뻔뻔함 60
이 도를 넘어서, 양자가 자신에게 유증된 재산의 검증을 받아야
한다는 사실은 부인하면서도 필레 아버지의 재산을 그녀에게 검
증 유증할 것을 요구하는 것은 적절하다고 생각하는 것입니다.
그러나, 내가 이미 지적했듯이, 유언자가 합법적 자식을 가지고
있을 때는 그 자식은 부계재산에 대해 검증유증 절차를 구할 필
요가 없으나, 반대로 유언자가 유언에 의해 입양을 할 때는 그 양
자는 자신에게 유증된 재산에 대한 검증을 받아야 합니다. 전자 61
의 경우는 망자의 자식이므로 누구도, 내 생각에, 그 부계 재산을
받는 데 시비를 걸 수가 없습니다. 그러나 양자에 대한 유증은 모
든 혈연의 친척들이 생각할 때 분쟁의 여지가 있다고 보는 것이
지요. 그래서 그런 재산을 둘러싼 소송을 아무나 제기하지 못하
도록, 그리고 사람들이 버려진 재산처럼 그에 대한 검증유증을
요구하지 못하도록 양자가 법정에 검증유증을 요구합니다. 그래 62
서 여러분 가운데 아무도, 만일 크세노클레스가 자신의 아내를
적법의 자식이라고 생각했더라면 그 부계 재산을 요구하는 소송
을 낼 것이라고는 생각하지 않겠지요. 오히려 적법의 여식은 부
계 재산을 장악하고, 누군가가 그것을 빼앗거나 강제로 쫓아내어
그녀가 그 재산에서 축출된다면, 강제 당한 그는 (민사)재판 뿐 아
니라 관리에게 공공탄핵을 추진했을 것이고, 또 자신의 몸과 재
산을 걸고서 위험을 불사했을 것입니다.

63 크세노클레스가 소송을 벌이기 전에, 피로스의 아저씨들이, 만
일 자신들의 조카가 적법의 딸을 남겼고 우리들 중 아무도 그녀
와 결혼하지 않으려 하는 것을 알았다면, 절대로 피로스와 아무
혈연관계도 없는 크세노클레스가 근친권에 의해 자신들에게 속
64 한 그녀를 취하여 결혼하도록 허락하지 않았을 것입니다. 그렇게
허용하는 것은 정상이 아니지요. 법률에 따르면, 자신의 아버지
에 의해 - 아버지보다 자신의 딸의 이익을 더 위해주는 사람이 누
가 있겠습니까? - 출가를 하고 남편과 함께 사는 딸들은, 그렇게
결혼을 했더라도, 그 아버지가 적법의 형제를 그녀에게 남기지
않고 죽으면, 법적 근친권자의 관할로 들어오게 됩니다. 그리고
자주 남편들은 이런 경우 자신의 아내를 빼앗긴 적이 있었습니
65 다. 이런 법률의 필연적 결과로서, 자신의 아버지에 의해 출가한
여인들이 이런 식으로 법적으로 구속받게 되는 데도, 만일 필레
가 피로스의 적법한 딸이었다면, 피로스의 아저씨들 가운데 누군
가가, 크세노클레스로 하여금, 친족권에 의해 자신에게 귀속되는
그녀를, 그래서 자신이 아니라 크세노클레스가 그 많은 재산을
취할 수 있도록, 그녀를 취하여 결혼하게 하도록 뒀을까요? 여러
66 분, 그렇다고 믿지 마십시오. 아무도 자신의 이익을 도외시하고
자신보다 남의 이익을 위하는 사람은 없습니다. 그러니, 만일 그
들이 엔디오스의 양자 채택이 이 여인에 대한 자신들의 권한을
무효로 만든 것처럼 말하고 이 때문에 그들이 이 여인에 대한 권

한을 요구하지 않았다고 주장한다면, 다음과 같은 질문을 그들에게 행해져야 할 것입니다. 첫째, 그들은 피로스가 엔디오스를 양자로 채택한 사실이 있었음을 인정한다면, 왜 그 사실을 증언한 사람들을 비난한 것인지? 둘째, 그들은 피로스의 재산을 마지막 67
으로 점유했던 사람을 무시하면서, 왜 그 재산에 대한 상속을 불법적으로 요구하는 것인지? 더구나 여러분이 그들에게 물어보아야 할 것은 어느 합법의 자식이 자신에게 돌아올 재산이 어떤 것인지 물어볼 생각을 한 적이 있는지 하는 것입니다. 저들의 뻔뻔함에 대해 이런 의문들을 생각하십시오. 만일 그녀가 정말 망자의 적법한 딸이라면, 그녀의 근친이 그녀를 합법적으로 요구할 수 있음은 법에 의해 분명하게 나타납니다. 법이 명백하게 규정 68
하는 것은, 합법적 남자 자식이 없는 경우 사람은 자신의 재산을 원하는대로 처분할 수가 있다는 것, 그러나 만일 딸들을 가지고 있을 때는 유산상속인은 딸들을 함께 취해야 한다는 것입니다. 그래서 사람은 그 재산을 딸과 함께 유증하고 처분할 수 있습니다. 그러나 합법적 딸들을 처분하지 않고는 양자를 택하거나 혹은 누구에게도 그 재산의 일부를 유증할 수가 없습니다. 그러니, 69
만일 피로스가 자신의 합법적 딸에 대한 응분의 조처 없이 엔디오스를 자신의 양자로 들였다면, 그 양자채택은 법적 견지에서 볼 때 무효인 것입니다. 다른 한편, 만일 피로스가 그녀의 딸에게 그를 주려했고 또 그런 조건으로 그를 양자로 들여서 자신의 딸을 그에게 주었다면, 어떻게 피로스의 아저씨인 당신이 엔디오스로 하여금 피로스의 합법적 딸이 있는데도, 그녀를 취하도록 하지도 않은 채 피로스의 재산을 검증상속 받도록 내버려두었단 말입니까? 특히 당신이 증언했듯이, 당신의 조카가 그녀를 돌보도
70 록 당신에게 위임을 했는데도 말입니다. 이보게 친구여, 이런 점을 미처 생각하지 못했다고 말할 수 있소? 당신은 조카가 그녀의 어머니를 합법적 형식을 통해 아내로 취할 때 참석했고 또 그녀가 아이를 낳은 후 그 열흘 째 잔치에 초대되어 참가했다고 하면서도, 엔디오스가 그녀를 약혼시키고 출가시킬 때 그 아저씨인 당신들은 자신의 조카딸을 피로스가 정부에게서 얻은 딸처럼 약
71 혼하도록 내버려두었습니까? 나아가 당신네 행위 가운데서 가장 열악한 것은, 당신네가 그녀를 돌보도록 엄숙하게 위임을 받았다고 주장하고 있으나, 당신네들이 그녀를 돌본 방식은 정부의 딸과 같은 처지로 혼인하도록 방관한 것이었지요. 당신네가 증언했듯이, 그녀가 당신네의 누이의 이름을 가졌는데도 말입니다.

72 여러분, 이 모든 사실과 실제로 행해진 것들로부터, 이들이 인간의 뻔뻔함의 극치에 달했음을 쉽게 볼 수 있습니다. 피로스가 합법적 딸을 남겼다면, 왜 우리 아저씨가 자신의 아들로서 내 형제를 양자로 하여 남겼겠습니까? 우리보다 더 가까운 친척이 있어서 그로부터 자신의 딸에 대한 친족권(검증 유증권)을 박탈하고자 내 형제를 양자로 들였겠습니까? 적자가 없는 마당에 우리보다

더 가까운 친척이 없었고 있어본 적도 없습니다. 그는 형제도 없
고 형제의 아들도 없었으며, 우리는 그 누이의 자식들입니다. 그
러나, 그가 어떤 다른 친족을 양자로 하여 그에게 재산과 자신의
딸을 주었을 수도 있다는 주장이 제기될 수도 있겠습니다. 그러 73
나 만일 그가 정말로 니코데모스의 누이와 혼인을 했더라면, 그
녀의 소생으로 선언된 그 아이를 자신의 형제단 앞에 적자로 등
재(소개)하고 그녀를 재산에 대한 유일한 상속녀로 하고 또 그녀가
낳은 아들 가운데 한 사람을 자신의 양자로 들이도록 하는 것이
자신의 역량 하에 있었을 때, 무슨 연고로 그가 공연히 자신의 친
척 가운데 누구에게라도 적의를 일으킬 필요가 있었겠습니까?
피로스가 그녀를 유일한 상속녀로 남겼다면, 그녀가 양단간에 한 74
가지 가능한 상황에 처할 것이라는 것을 잘 알고 있었을 것입니
다. 최근친인 우리 중의 한 사람이 유증검증 절차를 거쳐 그녀를
아내로 택하거나, 혹은 우리들 중 아무도 그녀를 원하지 않을 때
지금 법정 증언을 하고 있는 그의 아저씨들 중 누가, 그것도 안
되면 다른 친척 가운데 한 사람이, 같은 식으로, 온 재산과 함께
그녀에 대한 검증 상속권을 얻어서 그녀를 아내로 맞이했을 것이
그것입니다. 그러니, 내 형제를 양자로 들이는 대신 자신의 딸을 75
형제단에 소개함으로써 그는 이렇게 일이 귀결되도록 할 수 있었
을 것입니다. 그러나 그는 자신의 딸을 형제단에 소개하지 않고
오히려 내 형제를 양자로 들여 그에게는 당연한 수순으로, 그녀

를 사생아로 하고 또 재산을 상속하지 못하도록 하는 한편 내 형
76 제를 그 자신의 상속인으로 했습니다. 더구나, 내 아저씨는 절대
로 결혼잔치를 베풀지 않았고, 우리 소송상대인이 피로스의 합법
적 딸이라고 주장하는 그 딸을 친족으로 형제단에 소개(등재)한 적
이 없습니다. 이런 절차들은 법적으로 요구되는 것인데도 말입니
다. 피로스가 속한 형제단 성원들의 증언을 서기가 여러분에게
읽어 드릴 것입니다. 읽어주십시오. 그리고 당신은 물시계를 멈
춰 주십시오.

증언

이제 피로스가 내 형제를 양자로 들인 사실에 대한 증언을 들으십시오.

증언

77 그런데도 여러분은 니코데모스가 제시한 증거가 우리 아저씨
의 행위에 의한 증거보다 더 가치가 있다고 보십니까? 그리고 우
리 아저씨가 창녀인 이 여자와 정식으로 혼인했다고 누가 당신을
설득하려 하겠습니까? 니코데모스가 내가 처음에 언급했던 다음
과 같은 사실을 해명하지 못 한다면 여러분은 절대로 그런 것을
78 믿어서는 안 된다고 나는 생각합니다. 첫째, 그가 그 누이를 피로
스에게 출가시킬 때에 어떤 지참금을 제공했는가 하는 것, 둘째,

이 혼인한 여인이 어떤 아르콘 앞에서 자신의 남편과 그 집을 떠난다는 통고를 했던가? 그 다음, 니코데모스가 그녀를 출가시켰다고 하는 그 사람이 묵었을 때 그는 누구로부터 그녀의 지참금을 회수했던가? 혹은, 그가 지참금 회수를 요구했는데도, 이십여 년간의 세월동안 그것을 돌려받지 못했다면, 그녀를 위해 피로스의 재산을 차지한 사람으로부터 그녀의 생활비나 지참금을 돌려받기 위해 어떤 재판을 청구했던가 하는 것입니다. 더구나, 이 모 79
든 것에 더하여, 니코데모스가 그 전 혹은 그 후에 누구에게 그녀를 혼인시켰는지, 그리고 그녀가 다른 이의 아이를 낳은 적이 있는지 그에게 밝히도록 해주십시오. 이런 질문들이 여러분이 그에게 대답하도록 해야 하는 것입니다. 그리고 피로스의 형제단 앞에서 결혼식을 했는지를 그에게 묻는 것도 잊지 말아 주십시오. 이런 점이 그가 제시한 증거를 반박하는 무시하지 못할 증거가 됩니다. 만일 피로스가 이 여인과 혼인하게 되었더라면 형제단 앞에서 그녀를 위해 결혼식을 치렀을 것이고 그녀의 딸로서 선언된 그 아이를 자신의 합법적 자식으로 그들 앞에 소개했을 것이기 때문입니다. 또 피로스가 3탈란톤의 재산을 가지고 있었으므 80
로, 자신의 촌락(데모스) 앞에서 혼인한 이 여인을 위해 테스모포리아 축제 때에 동료 촌락인의 아내들을 불러 잔치를 벌이고, 그런 재산의 소유에 따르는 다른 공식 절차를 그녀를 위해 마쳐야 하는 것입니다. 그런데도 이런 것들 중 아무 것도 행해진 적이 없다는 사실이 여러분에게 명백해졌을 것입니다. 피로스의 형제단 사람들이 이미 여러분 앞에서 증언을 했습니다. 이제 그 동료 촌락(데모스)인의 증언을 들어주십시오.

증언

Ⅳ

니코스트라토스의 재산에 관하여

사건개요

이 변론문은 니코스트라토스의 재산에 관한 것이다. 그는 아테네를 떠나 11년간 용병으로 복무하다가 멀리 떨어진 곳에서 죽었다. 소송 당사자들로는, 한 편에 젊은 형제 하그논과 하그노테오스, 다른 한편에는 카리아데스가 있다. 카리아데스는 니코스트라토스와 같은 군대에 용병으로 복무했다고 하면서 니코스트라토스가 자신을 양자로 입양하여 상속자로 한다는 취지의 유언장을 내놓았다. 하그논과 하그노테우스는 니코스트라토스의 사촌, 즉

〈가계도〉

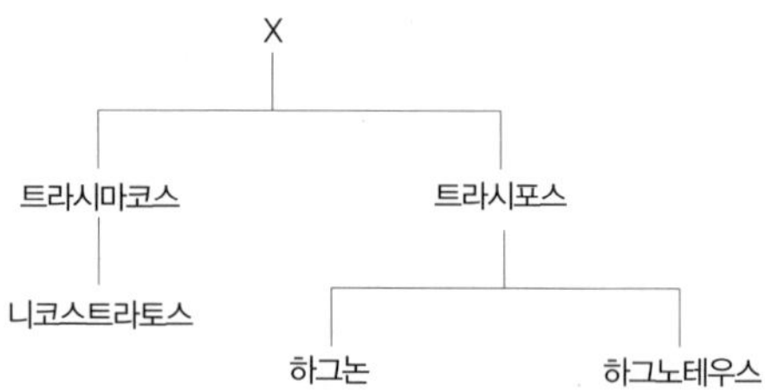

니코스트라토스의 아버지 트라시마코스의 형제인 트라시포스의 아들로서 근친 자격에 의한 상속권을 요구하고, 카리아데스가 가진 유언장을 날조된 것이라고 주장한다. 또 카리아데스는 유언이 진짜임을 증명하는 증인을 대면서, 니코스트라토스가 스미크로스의 아들이라고 하고, 하그논과 하그노테오스는 트라시마코스의 아들이라고 주장한다.

화자는 카리아데스의 비행을 적시하는 한편, 자신의 소송의뢰인인 두 형제를 두둔한다. 이 변론의 화자는 두 형제의 친구로 한 집안사람인데, 변론문 앞에 달린 〈논점〉의 소개에는 이사이오스 자신인 것으로 소개되어 있다. 화자가 이사이오스라는 사실을 부정하는 사람은 이사이오스는 아테네 인이 아니었으므로 법정에서 변론할 수 없었을 것이라는 점을 든다. 이 변론문은 기원전 370년 이전의 것으로 추정된다.

논점

니코스트라토스가 해외에서 죽자, 그 부계 사촌인 하그논과 하그노테우스가 양도, 즉 유언에 의한 상속권을 주장하는 카리아데스에 대항하여 상속권을 두고 다투었다. 변론가 이사이오스는 하그논과 그 형제의 친족으로 이들을 위해 변론했다. 분쟁은 사실 여부에 관한 것이다.

본문

1 여러분, 여기 하그논과 하그노테우스는 내 친구들이고, 그 전
에는 그들이 아버지와 친구였습니다. 그래서, 내가 내 힘닿는 대
로 그들을 지지하는 것은 당연한 것 같습니다.
해외에서 일어난 일에 대해서는 증인을 구하거나 우리 소송
상대인이 거짓말을 해도 유죄로 규정하기가 힘듭니다. 내 소송
의뢰인이 문제가 되는 그 장소에 가 본적이 없기 때문입니다.
그러나 이곳에서 일어난 사건들에 의해, 유언을 근거로 니코스
트라토스의 재산에 대한 권한을 요구하는 사람들은 모두 여러
분을 속이려 하고 있음을 증명하는 충분한 증거를 여러분에게
2 제공할 수 있을 것으로 나는 생각합니다. 첫째, 여러분, 망자에
게 주어지는 상이한 이름들에 관심을 가지시고, 양측 가운데 어
느 편이 더 단순하고 자연스럽게 권리를 주장하는지 생각해주
십시오. 여기 하그논과 하그노테우스는 자신의 청구서에 니코
스트라토스를 트라시마코스의 아들이라고 적고, 그들이 그 사
3 촌이라고 하고 그 진술을 증인에 의해 입증한다고 말합니다. 반
면, 카리아데스와 그 지지자들은 니코스트라토스가 스미르코스
의 아들이라고 주장하고, 그 재산은 트라시마코스의 아들의 것
이라고 주장합니다. 내 소송의뢰인은 자신들이 스미르코스의
이름에 대해 알지 못한다거나 혹은 그것이 그들과 아무런 관련

이 없는 것으로 가장하지 않습니다. 그러나 그들은 니코스트라토스가 트라시마코스의 아들이라고 하고, 그들이 권리를 주장
하는 재산도 그의 것이라고 합니다. 만일 양측이 니코스트라토 4
스의 아버지 이름에 관해 동의하고 재산에 관해서만 분쟁을 벌인다면, 여러분은 양측이 그 신원에 대해 일치하는 니코스트라토스가 유언을 남겼는지 아닌지 하는 점만 검토하시면 되었을 것입니다. 그러나 상황이 이러하므로, 한 사람이 두 아버지를 두는 것이 가능할까요? 카리아데스가 한 것이 바로 이것입니다. 카리아데스는 스미르코스의 아들 니코스트라토스의 재산에 대해 권리를 주장하고, 내 소송의뢰인이 트라시마코스의 아들의 재산에 대한 권리를 주장했을 때, 마치 그것이 같은 사람을 문제삼고 있는 것처럼, 내 소송의뢰인들에 반대하여 소송을 위한
공탁금을 내 걸었습니다. 이 모든 것이 음모입니다. 그들은 문 5
제가 단순하므로 복잡하게 왜곡하지 않는다면, 내 소송의뢰인이 니코스트라토스가 유언을 남기지 않았음을 쉬 증명할 수 있으리라는 것을 알고 있습니다. 반면, 만일 그들이 아버지가 같은 인물이 아니라고 하고 재산권을 주장한다면, 내 소송의뢰인이 니코스트라토스가 유언을 남기지 않았다는 사실을 여러분에게 증명하기보다 그가 트라시마코스의 아들이라는 것을 입증하기 위해 더 많은 말을 하게 되리라는 것을 잘 알고 있었던 것입
니다. 더구나, 니코스트라토스가 트라시마코스의 아들이라는 6

것을 그들이 인정한다면, 내 소송의뢰인이 그 사촌이 아니라는 것을 증명할 수가 없게 됩니다. 그러나 망자에게 다른 아버지를 설정함으로써 그들은 그의 아버지 문제와 함께 유언에 대한 논의를 도입하게 된 것입니다.

7 이런 사실 뿐 아니라 처음부터 일어난 일을 통해서, 여러분은 내 소송의뢰인에 대해 음모를 꾸민 사람들은 집안사람이 아니라는 사실을 확인할 수 있습니다. 2탈란톤이 아케[43]로부터 왔을 때 누가 머리[44]를 자르지 않았습니까? 조의를 표함으로써 재산을 상속받으려고 누가 검은 옷을 입지 않았습니까? 친척으로 그리고 양자로 자처하면서 니코스트라토스의 재산을 요구한 사람의 수
8 가 얼마나 많습니까? 데모스테네스가 그의 사촌이라고 주장했으나, 내 소송의뢰인에 의해 사실이 발각되자 그 주장을 포기했습니다. 텔레포스는 니코스트라토스가 전 재산을 자신에게 기증했다고 주장했으나 곧 그런 주장을 접었습니다. 아메이니아데스는 관리 앞에 나타나서, 니코스트라토스가 아테네를 떠난지 11년이 지났건만, 세 살도 안 되는 어린 아이를 니코스트라토스의 아들
9 이라고 내놓았습니다. 람프트라의 피로스는 그 재산이 니코스트라토스에 의해 아테나 여신에게 헌납되었으나, 니코스트라토스 자신에 의해 자기에게 양도된 것이라고 주장했습니다. 베사의 크테시아스와 크라나오스는 처음에 니코스트라토스가 그들에게 1탈란톤의 보상금을 주도록 판결을 받았다고 했으나, 이런 사실을

증명할 수 없게 되자 니코스트라토스가 자신들의 피해방민[45]이
라고 꾸며댔습니다. 이들도 진술한 내용을 증명할 수가 없었습니 10
다. 이런 사람들이 처음에 니코스트라토스의 재산을 넘보았던 것
입니다. 당시 크라티데스는 아무런 권리를 주장하지 않았고, 그
후에 자신 뿐 아니라 정부의 아이들까지 연루시키면서 나타났습
니다. 그가 재산을 상속하거나 그 아들을 시민astos으로 만드려 하
는 것은 그에게 같은 의미를 갖습니다. 또 그는 아이의 태생 문제
에서 패소할 것이라는 것을 알고는, 아이에 대한 권리를 포기하
고 유언을 빌미로 자신의 권리를 주장하는 소송을 제기하기 위해
공탁금을 지불했습니다.

여러분, 유언에 의해 상속권을 주장하는 사람이 만일 패소하면 11
통상의 벌금을 무는 것이 아니라 그가 얻으려고 했던 재산의 총
액을 공공금고로 지불해야 하는 것은 좋은 것입니다. 그래야 법
이 무시되지 않으며, 친척들이 모욕을 당하지 않을 것이고, 무엇
보다 망자에 대해 거짓이 날조되는 일이 없을 것이기 때문입니
다. 그러나 누구라도 마음대로 다른 이의 재산에 대해 권리를 요
구할 수 있으므로, 여러분은 신중하게 그런 주장을 검토하고 최
대한 방심해서는 안 됩니다. 상속 관련 소송에서는, 또 이런 소송 12
에서만, 증인들의 증언보다 상황적 정황에 더 많은 비중이 주어
져야 한다고 나는 생각합니다. 다른 계약에서는 위증을 한 사람
을 단죄하는 것이 어렵지 않습니다. 살아서 직접 목격한 사실을

증언하기 때문입니다. 그러나 유언에 관련해서는, 증거에서의 편
차가 심하지 않다면, 누가 진실을 말하지 않는 것인지를 어떻게
가려낼 수가 있겠습니까? 증거가 주어지는 대상이 죽어있고, 친
13 척들은 사실을 알지 못하며, 증거에 대한 반박도 결코 분명하지
않은 상황이니까요. 더구나, 여러분, 유언을 하는 대부분 사람들
은 주변 사람들에게 유언의 취지를 말해주지도 않고, 유언을 한
다는 사실만 보증하도록 하므로, 유언이 대치되거나 망자의 뜻에
반대되는 뜻으로 변경될 수가 있습니다. 증인들은 제시될 유언장
이 자신이 증명하려고 하는 그것인지에 대해 다른 사람보다 더
14 많은 알고 있지 못할 것입니다. 그러니, 유언장이 만들어질 때 임
석했다고 하는 사람들을 속이는 것도 가능한데 사실에 대해 아무
것도 모르는 여러분을 호도하는 것은 훨씬 더 쉬운 것이 아니겠
습니까?

또, 여러분, 법에 따르면 유언이 효력을 갖기 위해서는 그냥 만
들어지기만 해서는 안 되고 사리에 맞게 만들어져야 합니다. 그
러니, 여러분은 첫째, 망자가 유언을 했는가, 둘째, 그가 당시 제
15 정신이었는가를 검토해야 합니다. 그런데, 우리는 유언장이 만들
어졌다는 사실 자체를 부인하므로, 여러분은 실제로 그가 유언을
했음을 확신하기 전까지는, 유언을 할 때 그가 비정상이었는지
하는 문제를 어떻게 다루겠습니까? 그러니, 유언으로 권리를 주
장하는 사람이 진실을 말하고 있는가를 알아내는 것이 얼마나 어

려운 일인지 보십시오. 반면, 친족권에 의해 권리를 주장하는 사람은, 첫째, 상속권을 요구하는 데 증인을 필요로 하지 않습니다. 망자의 재산은 근친에게 주어진다는 것이 널리 알려져 있기 때문
입니다. 둘째, 친족을 다루는 법뿐 아니라 유언증여를 다루는 법 16
도 친족에게 유리합니다. 노령이나 병, 그 외 여러분이 잘 알고 있는 다른 원인에 의해 이성적인 판단을 할 수 없다면, 자신의 재산을 처분할 수 없도록 법에 규정되어 있기 때문입니다. 그러나 친족권에 의해서는, 그 능력이 어떤 상태에 있었든, 근친이 망자
의 재산에 대해 확실한 권한을 가집니다. 그 외에도, 유언장을 믿 17
으려면, 여러분은 증인에 의지해야만 하는데, 증인에 의해 속을 가능성이 있습니다. 그렇지 않았다면, 위증에 관한 조항이 만들어지지 않았겠지요. 그러나 그 권리가 친족권에 기초를 둔 것이라면, 여러분은 직권에 의해 판결할 수가 있습니다. 근친이 여러
분이 세운 법에 따라 권리를 주장하기 때문입니다. 거기다가, 여 18
러분, 유언에 기초하여 권리를 주장하는 사람은 니코스트라토스의 가까운 친구라면, 그 유언이 진짜일 가능성이 아주 크다고 하겠지만, 그래도 결정적인 증거가 결여된 것일 수 있습니다. 과거에 유언자는 친족을 미워하여 가장 가까운 혈족보다 친구인 남을 선호했습니다. 그러나 이번 사건에서는 니코스트라토스와 카리아데스는 같은 식사집단도, 친구도, 같은 집단...[46]에 속한 것도 아니었습니다. 이런 모든 점들에 관해 우리는 증인을 여러분 앞

19 에 모시겠습니다. 나아가 가장 중요하고 카리아데스의 방자함을 가장 분명하게 증명할 수 있는 증거가 되는 다음의 사항을 살펴 주십시오. 그는 양부의 시신을 접수하지도 않았고, 화장도 하지 않았고 뼈를 수집하지도 않았으며, 이런 일들을 완전한 남이 하도록 내버려 두었으므로, 망자에 대한 의례를 전혀 수행하지 않았으면서 그 재산 상속권을 주장하는 것은 아주 불효한 것으로
20 간주되어야 하지 않을까요? 그는 이런 의무 중 아무 것도 수행하지도 않았는데, 니코스트라토스의 재산을 차지했다는 말을 내가 듣고 있어야 할까요? 이런 사실에 대한 증거도 여러분 앞에 제시되었고, 그 자신도 그중 대부분 사실을 부인하지 않고 있습니다. 물론 이런 그 행동을 해명하는 핑계가 주어졌습니다만. 이런 사실을 분명히 인정하는 사람에게 무슨 다른 할 말이 남아 있겠습니까?

21 여러분, 이 사람들은 니코스트라토스의 재산에 대해 아무런 법적 권한이 없이 그저 여러분을 속이고, 니코스트라토스의 친족인 내 소송의뢰인에게서 합법적 상속권을 빼앗으려 하고 있음을 여러분이 잘 알아야 하겠습니다. 카리데스만이 이런 행동을 하는 것은 아닙니다. 해외에서 죽은 사람의 재산에 대해 다른 많은 권리 청구인이 나타났고, 때로는 망자와 전혀 면식이 없는 경우도
22 있었습니다. 만일 이들이 성공하면, 남의 재산을 차지할 수 있으며, 만일 실패한다면 위험부담이 미미하다고 생각하기 때문이지

요. 언제나 위증을 하려는 사람들은 있게 마련이며, 그 증거에 대해 반박하는 것은 미지의 것을 다루는 것입니다. 한마디로, 친족권과 유언에 의한 청구권 사이에는 큰 차이가 있다는 것입니다. 여러분, 무엇보다 유언을 검토하시고 그것이 진짜인지를 가리는 것이 여러분의 의무입니다. 그렇게 하는 것이 법이 요구하는 것이고 가장 정의로운 길이기 때문입니다. 그러나 여러분이 진실에 23
대한 사적으로 잘 알지 못하고, 또 유언의 존재를 긍정하는 증인들이 망자의 친구들이 아니라, 자기 것도 아닌 재산을 장악하려 하는 카리아데스의 친구들이므로, 친족의 재산을 친족에게 돌아가도록 판결하는 것보다 더 정의로운 것이 있겠습니까? 실로, 내 소송의뢰인에게 변고가 있었다면, 그 재산은 니코스트라토스 이외에 다른 누구에게로 넘어가는 것이 아닙니다. 니코스트라토스는 그들의 아버지의 형제의 아들인 사촌으로, 서로 같은 친족권에 의해 재산권을 주장했을 것입니다. 그런데, 맙소사, 내가 잊고 있었던 것인데요. 내 소송상대인의 주장에 따르면, 하그논과 하 24
그노테우스가 아니라 아주 다른 사람들이 니코스트라토스의 친척이라고 합니다. 이들 친족들이 친족권에 의해 스스로 재산권을 주장하지 않고 유언에 의한 청구인을 위해 증언을 하고 있는 것일까요? 분명히 그들은 그렇게 쉽게 유언을 믿고 그렇게 많은 재물에 대한 청구권을 포기할 만큼 정신 나간 것은 아닐 텐데요! 더구나, 이들 자신의 주장으로부터 판단해 보건대, 오히려 내 소송의뢰인이 니코스트라토스의 재산을 카리데스보다는 이들 이른 바 친족으로 자처하는 사람들에게 검증유증하는 것이 그들에게
25 더 이익이 됩니다. 만일 친족권에 기초하여 권리를 요구하는 내 소송의뢰인들이 재산을 받는다면 그들은 나중에 언제라도 원할 때는 친족권을 근거로 하여 재산권을 요구할 수 있고, 또 자신들이 니코스트라토스와 더 가까운 관계에 있고 니코스트라토스는 트라시마코스가 아니라 스미르코스의 아들이라는 것을 여러분에게 증명할 수 가 있기 때문입니다. 다른 한편, 만일 카리아데스가 재산을 상속한다면, 친족 중 아무도 니코스트라토스의 재산에 대해 소송을 제기할 수가 없게 됩니다. 재산이 유언에 의해 검증유증을 거쳐 다른 사람에게 넘어가면, 친족권에 기초하여 무엇을 요구할 수가 있겠습니까?

26 여러분 각자가 판단을 하셔서, 이들 젊은이들을 지지해주십시오. 그들이 여러분 앞에 증명한 것은, 첫째, 그들과 니코스트라토스가 같은 형제의 아들들로 사촌이라는 것, 둘째, 그들은 한번도 니코스트라토스와 다툰 적이 없다는 것, 셋째, 그들이 니코스트라토스의 장례를 치렀다는 것입니다. 나아가 카리아데스는 이곳 아테네에서나 군대에 나가서나 간에 니코스트라토스의 친구로 지낸 적이 없었다는 것, 그리고 마지막으로 카리아데스가 대부분 의지하고 있는 그들 사이의 이른바 친교라는 것은 날조라는 것입니다.

그 외에도, 여러분, 청구인들 각각의 성격을 검토해보시는 것 27
이 옳습니다. 하그논과 하그노테우스의 아버지인 트라시포스는 이 전에 공공 비용을 부담했고 기부를 했으며, 그 외에도 유용한 시민인 것으로 드러났습니다. 내 소송의뢰인들은 여러분의 명령에 의해 어디로 가는 경우가 아니면 이 나라를 떠나본 적이 없습니다. 그리고 이 도시에서 무용지물이 아니었습니다. 군인으로 봉사했고 기부를 했으며, 다른 여러 면에서도 그들에게 부과되는 것을 수행했으며 여러분들이 알듯이, 질서를 지켰습니다. 그러니 28
니코스트라토스의 재산은 카리아데스보다는 이들에게 주는 것이 더 지당합니다. 카리아데스는 이곳에 있을 때 처음에는 도둑질을 하다가 잡혀서 감옥으로 갔습니다. 그 후 11인[47]에 의해 다른 범죄자들과 함께 풀려났는데, 이들은[48] 모두 공적으로 처형했지요. 카리아데스는 다시 의회에서 죄인으로 비난을 받자 도망을 가서 비난에 대해 답변을 하러 나타나지도 않았고, 그 후 17년 동 29
안 아테네 근처에 얼씬도 하지 않다가 니코스트라토스가 죽은 다음에야 돌아온 것입니다. 그는 한 번도 군인으로 복무한 적이 없고, 니코스트라토스의 재산을 청구한 이후를 제외하고는 한 번도 기부를 한 적이 없으며, 다른 공적 임무를 수행한 적도 없습니다. 그는 이런 사람이라, 자신의 비행에 대한 벌을 면하는 데 만족하기는커녕, 남의 재산까지 탐하다니요! 만일 내 소송의뢰인이 싸 30
우기를 좋아하고 다른 시민들과 유사했다면, 그는 니코스트라토스의 재산을 요구하는 데 그치지 않고 그의 생명을 위협하는 소송을 걸었을 것입니다. 그러나, 여러분, 그를 벌하는 것은 원하는

31 다른 이에게 돌려야 할 것 같습니다. 여러분은 내 소송의뢰인을 도우시고, 망자의 친족이며 그 외에도 이미 니코스트라토스에게 봉사한 사람을 놔두고 남의 재산을 부당하게 탐하는 사람들에게 호의를 베풀지 마십시오. 법과 여러분이 한 맹서, 또 우리가 여러분 앞에 제시한 증거들에 유념하셔서, 정의에 합당한 판결을 내려주십시오.

V

디카이오게네스의 재산에 관하여

사건개요

이 변론은 디카이오게네스(II)의 재산에 관한 것이다. 그는 아테네 시민으로 크니도스 해전(394 B.C.)에서 죽었는데, 자식이 없었고, 네 명의 출가한 누이가 있었다. 디카이오게네스(II)가 죽은 다음, 그 중 한 누이의 남편인 프록세노스가 디카이오게네스(II)가 남긴 유언장을 내놓았는데, 그 취지는, 디카이오게네스(II)가 프록세노스 자신의 아들 디카이오게네스(III)를 양자로 하여 재산의 1/3을 상속하도록 한다는 것이었다. 나머지 2/3은 나머지는 디카이오게네스(II)의 누이들에게 분배되었다.

그로부터 12년이 지난 후, 디카이오게네스(III)가 새 유언장을 내놓으면서 전 재산을 요구하고 나섰다. 그러자 디카이오게네스(II)의 첫째 누이의 남편인 폴리아라토스가 디카이오게네스(III)를 위해 증언한 사람들에 대한 위증 소송을 시작했다. 그런데 그는

〈가계도〉

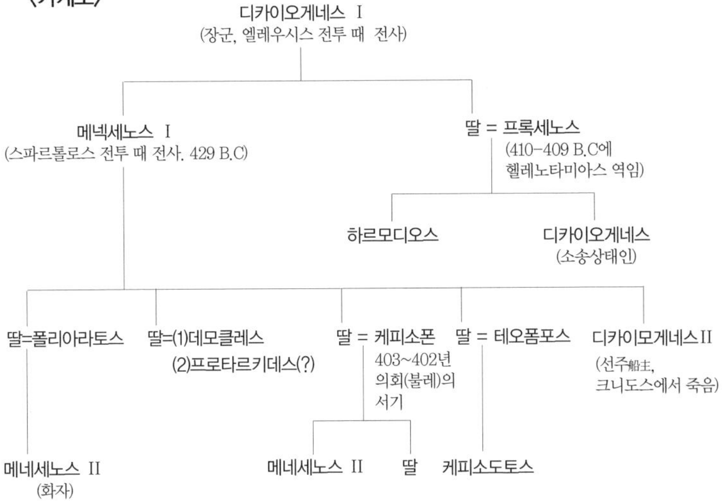

소송의 결말이 나기 전에 죽었고, 그 후 10년 동안 디카이오게네스(III)는 전 재산을 차지했다. 또 다른 누이의 남편인 케피소폰타스의 아들이 성인이 되자, 두 번째 유언장이 유효한 것임을 증언한 리콘을 상대로 소송을 제기하여 승소했다. 그러자 디카이오게네스(III)는 재산의 2/3을 돌려주기로 약속하고 레오카레스가 그 보증을 섰다. 그러나 재산을 가지고 있던 그 22년 동안 디카이오게네스(III)는 그것을 팔기도 하고 저당을 잡히기도 하여, 그것을 돌려받기가 쉽지 않았다.

이 변론의 화자는 폴리아라토스의 아들 메넥세노스로 그는 디카이오게네스(III)의 보증을 섰던 레오카레스를 상대로 한 것이다.

변론의 연대는 기원전 389년 경으로 추정된다.

논점

자식이 없이 네 명의 누이를 남기고 디카이오게테스(II)가 죽자, 프록세노스가 나와서 유언장을 내놓았는데, 죽은 디카이오게네스가 자신, 즉 프록세노스의 아들 디카이오게네스(III)를 양자로 들이고 재산의 1/3을 유증한다는 것이었다. 이에 근거하여 이들이 전 재산을 나눈 다음, 마침내 프록세노스의 아들 디카이오게네스(III)가 나서서 자신이 양자가 되어 전 재산을 유증 받은 것이라고 주장했다. 그는 승소하여 자신의 것 이외에 망자의 누이들이 가진 2/3의 재산까지 차지하게 되었다. 그 후 다시 망자의 누이의 자식들이 디카이오게네스(III)에게 소송을 제기하여 승소하자, 디카이오게네스는 이들에게 2/3의 재산을 분명하게 흠 없이 돌려주기로 약속했고, 레오카레스가 그 보증을 섰다. 이 소송에서는 디카이오게네스(III)와 레오카레스가 자신이 그런 동의를 한 적이 없다고 부정하는 한편, 망자의 누이들의 자식들은 한편으로 디카이오게네스가 동의한 바에 따라, 다른 한편으로는 레오카레스가 보증한 바에 따라 2/3의 재산을 요구한다. 소송상대인이 약속한 사실을 부인하므로, 분쟁은 사실 여부에 관한 것이다.

본문

여러분, 우리가 디카이오게네스(III)와 벌인 분쟁에서 법정에서 1
이루어진 합의가 결정적인 것이라고 우리는 생각했습니다. 디카이오게네스가 재산의 2/3을 포기하고 아무런 이의 없이 그것을 우리에게 넘긴다는 사실에 대해 보증을 제공했을 때, 우리는 서로에 대한 소송을 포기했습니다. 그런데, 여러분, 디카이오게네스는 그 약속을 이행하지 않았으므로, 우리가, 반대 진술한 바와
같이, 보증인인 레오카레스를 상대로 고소했습니다. 반대진술을 2
읽어주십시오.

반대진술

여러분은 증인들이 말하는 것을 들으셨습니다. 나는 레오카레 3
스 자신도 이들의 증언이 진실이 아닌 것이라고 말하지 못한다고 믿습니다. 그러나 아마도 그는 디카이오게네스(III)가 약속한 바를 다 이행했고 또 그 자신도 보증인으로서의 의무를 완수했다고 말할 지도 모르겠습니다. 그렇게 말한다면 그는 거짓말을 하는 것이고, 거짓말 한 데 대해 바로 유죄가 될 것입니다. 왜냐하면, 서기가 디카이오게네스(II)에 남긴 재산과 디카이오게네스에 의해 상속된 재산의 목록을 여러분에게 읽어드릴 것이기 때문입니다.

목록

4 우리 아저씨인 디카이오게네스(II)는 생시에 이 재산을 소유한 적이 없고 죽어서 그것을 우리에게 물려준 적이 없다고 그들이 말한다면, 그들로 하여금 그 사실을 증명하도록 하십시오. 반면, 만일 디카이오게네스가 그것을 남겼고 우리가 그것을 받은 적이 있다면, 그런 사실도 그들로하여금 증명하도록 하십시오. 메넷세노스의 아들이 남긴 재산의 2/3을 디카이오게네스(III)가 우리에게 넘기는데 합의했고, 또 레오카레스가 그런 약속에 대한 보증을 쓴 사실에 대해 우리가 증인을 대겠습니다. 이런 사실 때문에 우리가 이 재판을 하고 있고, 반대 진술을 한 것입니다. 내게 반대 진술을 읽어주십시오.

반대진술

5 여러분, 만일 이런 것들에 대해 레오카레스나 디카이오게네스(III)가 스스로를 변명하려 한다면, 내가 이미 말씀드린 것으로 충분할 것입니다. 그러나 그들은 상속 문제를 처음부터 다루려하기 때문에, 나는 여러분이 내 입장에 대해서도 들어주셨으면 합니다. 속지 마시고 사실을 아셔야 편견 없는 판단을 여러분이 하실 수 있기 때문입니다.

우리 할아버지인 메넥세노스(I)는 독자 디카이오게네스(II)와 네 딸을 가지고 있었고, 네 딸 중 한 명이 우리 아버지 폴리아라토스와 혼인했고, 다른 한 명은 프레아리의 데모클레스, 세 번째는 파이아니아의 디카이오게네스와 혼인했고, 네 번째는 케피소도토스의 아버지인 테오폼포스의 아내가 되었습니다. 디카이오게네스(II)는 파랄로스 호[49]의 사령관으로 항해하다가 크니도스에서 작전 중에 죽었다. 그에게는 자식이 없었으므로, 디카이오게네스(III)의 아버지, 여기 프록세노스가 유언장을 내놓았으며, 거기에 근거하여 우리 아버지들[50]이 그 재산을 분배했습니다. 유언 하에 여기 디카이오게네스(III)는 디카이오게네스(II)의 양자이며, 메넥세노스(I)의 아들, 우리 아저씨, 재산의 1/3의 상속인으로 인정되었습니다. 남지 재산은 동등한 몫으로 나뉘어져 메넥세노스(I)의 딸들에게 각각 검증 유증되었습니다. 이런 사실들에 관해 당시 참석했던 사람들을 증인으로 여러분 앞에 모시겠습니다. 6

증인들

이렇게 이들이 합의된 바를 위배하지 않기로 맹서하고 유산을 나누었을 때, 각자 자신이 받은 것을 12년 동안 가지고 살았습니다. 그 세월 동안, 여기 디카이오게네스(III)가, 도시(아테네)가 불행을 겪고 내분이 발생할 즈음,[51] 모든 일에 자문을 받는 에깁토스인 멜라스의 사주를 받으면서 자신이 우리 아저씨의 유일한 상속자라고 주장하면서 상속 전 재산을 우리에게 요구할 때까지는, 7
재판소는 있었으나, 이들 중 아무도 행해진 바에 대해서 불평을 8

하지 않았습니다. 우리는 이 상속문제에서 그가 미친 줄 알았습니다. 같은 사람이 한 때는 1/3 재산의 상속인으로 입양되었다고 하고, 또 다른 때는 유일한 상속인으로 입양되었다고 말해놓고는 또 자신이 진실을 말하는 것으로 여러분이 믿을 것이라고 생각하는 점은 납득이 안 됩니다. 그러나 우리는 재판소에 나와서, 훨씬 더 할 말이 많고 정당한 데도, 우리 권리를 빼앗겼습니다. 그것은 재판관들 때문이 아니라 에깁토스 인 멜라스와 그 친구들 때문이었습니다. 이들은 도시가 불행을 당한 것을 기회로 마음대로 다른 사람의 재산을 빼앗고 한사람을 위해 거짓으로 증언하며 그렇게 함으로써 재판관들을 호도하려 하기 때문입니다. 그래서 우리
9 는 거짓 증언의 희생양이 되어 우리 재산을 잃었습니다. 우리 아버지가 판결이 나고 곧 죽었으므로, 그 증인들을 고소할 수가 없었습니다. 디카이오게네스(III)는 계획한 대로 우리에 대해 승소했고, 바로 그 날로 피상속인 디카이오게네스(II)의 질녀이며 파이아니아 출신 케피소폰의 딸에게서 유산을 빼앗았고, 데모클레스의 전처로부터 디카이오게네스(II)가 그녀에게 남긴 재산을 빼앗았으며, 케피소도토스의 어머니와 케피소도토스 자신으로부터 이들
10 이 가지고 잇는 모든 것을 빼앗았습니다. 그는 동시에 이들의 후견인, 법적 대리인, 법적 소송상대인이었기 때문입니다. 그러나 이들은 이런 관계에 있음에도 그로부터 일말의 동정을 받지 못했고, 고아, 외로운 무일푼으로 생필품조차 갖추지 못했습니다. 여

기 있는 디카이오게네스(III)는 그들의 최근친으로 이렇게 그 후견인으로서의 의무를 수행했습니다. 아버지 테오폼포스가 그들에게 물려준 것을 그는 그들의 적에게 넘겨주었고, 내 외가 아저씨와 내 할아버지가 그들에게 준 것을 그는 판결이 내리기도 전에 스스로 착복했습니다. 최악의 상황은, 그들이 아직 어렸을 때, 그 11
들이 자신의 아버지에게서 물려받은 집을 그가 사들여서는 헐어서 그의 도시저택에 이은 정원터로 만든 것입니다. 또, 그가, 우리 아저씨 디카이오게네스(II)의 재산에서 80므나의 수입을 가지면서도, 디카이오게네스(II)의 조카 케피소도토스를 그 자신의 형제 하르모디오스의 종자로 하여 코린토스로 보낸 것입니다. 그의 방자함이 이와 같습니다. 다른 악행에 더하여, 디카이오게네스(III)는 케피소도토스가 투박한 신과 조야한 외투를 입는다고 그를 모욕하고 비난했습니다. 마치 재산을 빼앗아 케피소도토스를 가난하게 만들어 그를 해친 것이 디카이오게네스(III) 자신이 아니라, 케피소도토스가 그런 신발을 신음으로써 디카이오게네스(III) 자신을 해친 것처럼, 말입니다.

이런 점에 관해서는 이만큼만 이야기하도록 하겠습니다. 여기 12
서 본론으로 돌아가겠습니다. 케피소폰의 아들이며 여기 케피소도토스와 내게 사촌벌인 메넥세노스(II)는 재산에 대해 나와 같은 몫을 가질 권한이 있었는데, 우리와 그에 대해 거짓 증언을 했던 사람들을 고소하여, 그가 재판에 회부했던 첫 번째 사람 리콘을

유죄판결 받도록 했습니다. 리콘은 디카이오게네스(III)가 우리 아
13 저씨의 유일한 상속인으로 입양되었다고 증언했고, 그 때문에 위
증죄로 유죄선고를 받았습니다. 여러분, 디카이오게네스(III)는,
더 이상 여러분을 기만할 수 없음을 깨닫자, 내가 그 몰염치함을
입에 담는 것조차 부끄럽게도, 어떻게 된 줄 아십니까?, 우리를
위하고 또 디카이오게네스(III)를 위해서도 행위 했던 메넥세노스
(II)로 하여금 그에게 돌아갈 몫의 재산을 갖도록 한 다음, 우리를
위해 일을 하던 그가 우리를 배반하도록 사주하여 아직 유죄선고
를 받지 않은 상태에 있던 증인들을 풀어주도록 한 것입니다. 그
래서 우리는 우리의 친구와 적에 의해 이런 지경에 처하여 침묵
하게 되었습니다. 이런 사실에 관하여 내가 여러분 앞에 증인들
을 대겠습니다.

증인들

14 메넥세노스(II)는 그 악행에 걸맞게, 디카이오게네스(III)에게 속았습니다. 그는 고발된 증인들을 풀어주고 우리를 배반했으나, 그런 행위에 대한 보상을 받지 못했던 것입니다. 이렇게 디카이오게네스(III)로부터 기만당하여 그는 다시 우리와 공조하게 되었습니다. 증인들이 유죄선고를 받았으므로 우리는 디카이오게네스(III)가, 더 이상 재산에 대한 아무런 권리가 없다고 판단하고, 친족권에 근거하여 전 재산을 요구하게 되었습니다. 이런 행동을

하게 된 우리의 결정이 정당하며 디카이오게네스(Ⅲ)가 재산에 어
떤 권리도 없다는 사실을 내가 여러분에게 쉽게 증명해 보이겠습
니다.

유언장이 두 개가 있었습니다. 하나는 오래 전에 만든 것이고, 15
다른 하나는 더 최근의 것입니다. 이 전 유언장은 여기 디카이오
게네스(Ⅲ)의 아버지인 프록세노스가 내놓은 것으로, 디카이오게
네스(Ⅲ)가 우리 아저씨의 재산 1/3을 상속하도록 입양된다는 것
이었습니다. 그런데 디카이오게네스(Ⅲ) 자신이 내놓은 유언장에
따르면, 그가 전 재산을 상속하도록 되어 있습니다. 이 두 개의
유언장 가운데서 디카이오게네스(Ⅲ)는 프록세노스가 내놓은 것
은 진짜가 아니라고 재판관들을 설득했습니다. 디카이오게네스
(Ⅲ)가 내놓은 유언장이 우리 아저씨의 진실한 뜻이라고 증언한
사람들은 위증으로 유죄선고를 받았습니다. 이렇게 두 개의 유언 16
장이 모두 무효화되고, 다른 어떤 것이 존재하지 않으므로, 아무
도 유언 진술에 의해 재산권을 주장할 수가 없게 되었고, 우리 어
머니들이 속하는 죽은 디카이오게네스(Ⅱ)의 누이들을 통한 친족
권에 근거해서만이 재산권을 주장할 수 있게 된 것입니다. 그래
서 우리는 친족권을 근거로 재산권을 청구하게 되었고 우리 각각
그 몫을 받으려 합니다. 우리가 반대 진술을 하여할 즈음, 여기
레오카레스는 제산이 우리에게로 검증유증 되어서는 안 된다고
이의를 제기했습니다. 그래서 우리가 그를 고소했는데, 그 결과 17

재산청구 소송은 취소되고 위증소송이 이루어졌습니다. 법정에서 우리는 지금 우리가 하고 있는 모든 주장을 전개한 한편 레오카레스가 장황한 변론을 한 다음, 재판관들은 레오카레스가 위증을 한 것으로 판결했습니다. 투표함에서 개표가 이루어져 이런 판결의 결과가 드러났으므로, 나는 레오카레스가 재판관들과 우리에게 했던 주장이나 그런 경우 우리가 취할 수 있는 조처들에 대해서 상술할 필요는 없다고 나는 생각합니다. 그러나 우리가
18 합의한 바에 대해서는 여러분께 말씀을 드려야 하겠습니다. 표를 헤아리지 않고 그것을 모두 섞기로 관리(아르콘) 앞에서 합의를 본 다음, 디카이오게네스(III)는 디카이오게네스(II)의 누이들을 위해 재산의 2/3를 포기하고 더 이상의 분쟁 없이 내놓기로 하고, 여기 레오카레스는 그 약속을 수행하는 보증인이 되기로 했습니다. 그가 유일한 보증인은 아니고, 플로테이아의 프네시프톨레모스도 그와 같은 약속을 했습니다. 이런 사실에 대한 증인을 여러분 앞에 대겠습니다.

증인들

19 레오카레스로부터 이렇듯 시달리고 또 레오카레스가 위증했다는 판결을 얻어냈으므로 우리는 그를 불명예$_{atimia}$에 처할 수 있었으나 그렇게 하지 않고, 우리의 것만 받아내고 그를 보내주려고 했습니다. 레오카레스와 디카이오게네스(III)에게 이렇게 했으

나, 여러분, 우리는 그들에게 속았습니다. 디카이오게네스(Ⅲ)는
재산의 2/3를 넘겨주기로 재판소에서 약속했으나 넘겨주지 않았
고, 레오카레스는 당시 보증인이 되겠다고 약속한 사실이 없다고
하는 것입니다. 만일 그가 5백 명이나 되는 재판관들과 법정에 20
출석해있던 사람들 앞에서 보증을 서지 않았더라면, 그가 도대체
무엇을 할 수 있었는지 나는 모르겠습니다. 그러니 이들이 명백
하게 거짓말하고 있음을 증명하기 위해 우리는, 디카이오게네스
(Ⅲ)가 재산의 2/3을 포기하고 그것을 디카이오게네스(Ⅱ)의 누이들
에게 넘기며, 레오카레스가 디카이오게네스(Ⅲ)가 약속을 완수하
도록 보증인이 되겠다고 약속할 때 그 자리에 있었던 사람들을
증인으로 모셨습니다. 그러니 여러분, 만일 여러분 중에 누가 그
자리에 있었다면, 우리의 말이 진실인 것을 기억하시고 우리를
도와주시기 바랍니다. 여러분, 디카이오게네스(Ⅲ)의 말이 진실이 21
라면 우리가 승소할 때 우리에게 무슨 이득이 있을 것이며, 새 소
송상대인이 패소한다고 해서 무슨 불이익이 그들에게 있겠습니
까? 그의 주장대로, 그가 단순히 재산의 2/3을 포기하기만 하고
더 이상의 분쟁 없이 넘겨주는 데는 합의한 적이 없다고 한다면,
재산을 포기했으나 아직도 그 가치를 점유하고 있는 그가 잃는
것이 무엇입니까? 그가 패소하기 전에도 우리가 청구하는 재산은
그의 수중이 아니라 그에게서 그것을 사들이고 저당잡은 사람들
의 손에 있었으므로, 그는 그들에게 값을 지불하고 우리 몫을 우

리에게 넘겨야 하는 것입니다. 이 때문에 우리는 그로 하여금 보
22 증인을 세우도록 했습니다. 그가 약속을 이행하리라는 것을 믿지
않았기 때문입니다. 실로, 성 밖에 있는 두 개의 작은 집과 페디
온[52]에 있는 6십 플레트론의 토지를 제외하고는 우리가 돌려받
은 것이 없습니다. 나머지는 그가 저당 잡히고 판 사람들의 손에
있는 것입니다. 우리는 재판에서 질까봐 그들을 쫓아낼 수가 없
었습니다. 디카이오게네스(III)의 사주를 받아서 자신이 주인임을
주장하지 않겠다고 하기에 우리가 미키온을 목욕탕에서 쫓아내
려 하다가, 여러분, 디카이오게네스(III) 때문에 40므나의 벌금을
23 물었기 때문입니다. 법정에서 우리가 승소하여 그 재산권이 포기
된 것에 대해 그가 어떤 권리도 주장하지 않을 것이라고 생각하
고, 우리는 재판관들 앞에서 미키온에게 공격을 가했습니다. 디
카이오게네스(III)가 목욕탕에 대한 미키온의 권리를 확인하는 사
안과 관련하여 어떤 위험도 불사할 생각이었지요. 그런데 우리가
그런 행위를 한 유일한 이유가 보증인을 준비해두었기 때문인데
도, 디카이오게네스(III)가 스스로 약속한 것에 반대되는 행위를
24 할 것이라고는 예상을 못 했습니다. 그러나 디카이오게네스(III)는
우리를 위해 포기했음을 자신도 여전히 인정하고 있는 그 일부
재산을 포기했음에도, 미키온의 목욕탕에 대한 권리를 확인해준
것입니다. 이렇게 나는 아무런 재산도 얻지 못했을 뿐 아니라 40
므나까지 잃는 처량한 신세가 되었고, 디카이오게네스(III)에게 기

만 당한 채로 법정을 떠났습니다.

증인들.

여러분, 우리는 디카이오게네스(III)로부터 이런 일을 겪었습니 25
다. 디카이오게네스(III)의 보증인이었고 우리 모든 곤경의 원인이 된 레오카레스는 그에게 불리한 증언에서 언급되는 정도로 보증을 서지는 않았던 것이라고 말합니다. 재판소에서 작성한 문서에 그런 것이 언급되어 있지 않다는 것입니다. 여러분, 우리는 법정에서 서두르는 바람에 일부는 적었으나 다른 것은 증인들을 두었습니다. 그러나 우리의 소송상대인은 합의된 사항 중에서, 기록되지 않은 것이라 하더라도, 자신에게 유리한 것은 인정하고, 쓰
여져 있지 않은 것 중에서 불리한 것은 부인합니다. 여러분, 나 26
자신은, 그들이 쓰여진 것도 이행하려 하지 않으므로, 구두로 된 약속을 부인하는 것에 놀라지 않습니다. 우리는 우리 말의 진실을 입증하는 다른 증거를 대겠습니다. 디카이오게네스(II)는 40므나의 지참금으로 자신의 누이[53]를 포타모스의 프로타르키데스에게 출가시켰습니다. 그러나 현금을 지참금으로 주는 대신 그는 케라메이코스에 있는 집을 프로타르키데스에게 건네주었습니다. 프로타르키데스의 아내가 된 이 여인은 내 어머니와 같이 재
산에 대해 같은 지분을 가질 권리가 있습니다. 디카이오게네스 27
(III)가 이 여인을 위해 재산의 2/3을 포기했을 때, 레오카레스는

제안하기를, 프로타르키데스가 지참금 대신 받은 집을 그에게 넘겨주어야 한다고 했습니다. 레오카레스 자신이 보증인이므로 그녀에게 속하는 재산의 몫을 그 아내를 위하여 프로타르키데스로부터 받아야 한다는 것이었습니다.[54] 이렇게 그 집을 인수받아가서는 재산의 몫은 지불하지 않았습니다. 이런 사실에 대해 나는 프로타르키데스를 증인으로 여러분 앞에 모시겠습니다.

증인

28 목욕탕의 수리와 건축비에 관련하여 디카이오게네스(III)는, 우리가 그에게 비용을 보상하기로 약속했으나 이행하지 않았으며, 그 때문에 그가 빚을 져서 우리에게 주어야 할 것을 돌려주지 못했다고 그 전에도 말한 적이 있고 지금도 아마 그렇게 주장할 것
29 입니다. 여러분, 우리가 법정에서 그로 하여금 이 재산을 포기하게끔 만들었으므로, 그가 수행한 공공의무와 그 건물에 투자한 비용을 감안하여 거기서 그가 얻은 수익을 그대로 가지도록 했습니다. 게다가, 강제가 아니라 우리 자발적 의사에 의해그가 집을 수리한 점을 감안하여 재산의 1/3 몫 이외에, 그가 5천 드라크메에 필로니코스에게 팔았던 시내 집을 특별히 그에게 선사했습니
30 다. 이런 선심은 디카이오게네스(III)의 사람 됨됨이가 발라서가 아니라, 그들이 완전히 무뢰한들이지만, 우리는 재물보다 우리의 친척을 더 존중함을 보여주기 위해서였습니다. 사실, 그 전에 디

카이오게네스(Ⅲ)를 벌하고 그의 재산을 몰수할 수도 있었지만, 우리는 그의 것을 차지하지 않고 우리 것만 받는 것으로 만족했습니다. 그러나 그는 우리 위에 군림하자 할 수 있는 데까지 우리에게서 모든 것을 빼앗아가고, 우리가 친척이 아니라 적인 것처럼 우리를 파멸시키려 했습니다. 우리의 입장과 디카이오게네스 31
(Ⅲ)의 부당함을 입증하는 뚜렷한 증거를 제시하겠습니다. 여러분, 마이막테리온 달에 레오카레스에 대한 소송이 진행되고 있을 때, 레오카레스와 디카이오게네스(Ⅲ)가 재판을 연기하고 중재에 부치자고 부탁을 해왔습니다. 우리는, 약간의 손해를보았으나, 이에 응하고, 사건을 4명의 중재자에게 위임했습니다. 두 명은 우리, 두 명은 그들에 의해 지명되었습니다. 중재인들 앞에서 우리는 그 결정에 따를 것에 동의하고 맹서를 했습니다. 중재자들 32
이 말하기를, 스스로 맹서를 하지 않고 합의를 도출할 수 있다면 그렇게 할 것이고, 그렇지 않으면, 자신도 맹서를 하고 정당한 것으로 생각하는 바를 선언할 것이라고 했습니다. 중재인들은 여러 번 우리에게 질문을 하고 사실을 파악했습니다. 내가 지명한 두 명, 디오티모스와 멜라토포스는 맹서를 하거나 안 하거나 간에, 진실이라고 생각하는 바를 진술하려고 했습니다. 그러나 레오카레스가 지명한 중재인들은 그렇게 하기를 거부했습니다. 두 중재 33
인 가운데 한 명, 디오페이테스는 여기 레오카레스와 사돈 간이었고 나의 적이었으며, 계약 관련 다른 소송에서도 내 소송상대인이었습니다. 한편 그 동료 중재인 데마라토스는 디카이오게네스(III)의 보증인으로 레왁레스와 함께 했던 므네시프톨레모스의 형제였습니다. 그런데 이들은, 자신이 어떤 결정을 내리더라도 우리가 그것을 지킬 것을 맹서하도록 해놓고는, 의견을 개진하지 않으려 했습니다. 나는 여러분 앞에 이 사실에 대한 증인들을 모시겠습니다.

증인들

34 여러분, 자신의 사돈인 디오페이테스가 유죄로 결정한 것을 레오카레스가 무죄로 해달라고 여러분에게 부탁하는 것은 이상한 것이 아닙니까? 혹은 자신의 친척도 무죄로 생각하지 않은 레오카레스를 여러분이 풀어준다면 어떻게 올바른 처사가 되겠습니까? 그러니, 조상이 우리에게 물려준 것을 우리가 회복하고 그들의 이름 뿐 아니라 그 소유물을 차지하기 위해서, 나는 여러분이 레오카레스를 유죄로 선고하시기 바랍니다. 우리는 레오카레스
35 의 사유물을 탐내는 것이 아닙니다. 여러분, 디카이오게네스(III)는 자신의 불행이나 가난에 대해 여러분의 동정을 받을 자격이 없고, 나라를 위해 봉사한 어떤 선행에 대해서도 어떤 환대도 받을 자격이 없습니다. 이런 사안에서 여러분 아무런 배려도 그를 위해 베풀어서는 안 되는 이유를, 여러분, 제가 여러분에게 증명해보이겠습니다. 그는 부자이면서 동시에 나라는 물론 친족과 친

구들에게도 가장 비열한 인간임을 내가 여러분에게 보여드리겠습니다. 그는 여러분의 판결에 의해 연간 80므나의 수입을 가져오는 재산을 가지고, 또 10년 동안이나 그것을 향유하면서도, 여러분, 거기서 나온 돈을 저축했음을 부정하고 또 어떻게 그것을 소비했는지도 보여줄 수가 없습니다. 여러분은 이 점에 유념할 36
필요가 있습니다. 그는 디오니시아 제전에서 자신의 부족을 위해 후원자가 되었고 네 번째 순서였습니다.[55] 비극과 피리케[56] 경연대회에서는 꼴찌였습니다. 이런 것이 그 많은 수입을 둔 그가 행한 유일한, 그것도 강제에 의해, 생색용으로 수행한 공공 임무였습니다. 더구나, 그렇게 많은 삼단노선주들이 임명되었으나, 그는 그동안 한 번도 혼자서 혹은 다른 사람과 협력하여 삼단노선주로 봉사한 적이 없습니다. 다른 사람들은 그보다 더 적은 수입에도 삼단노선주로 봉사했던 것입니다. 그러나 여러분, 그의 재 37
산은 그 아버지가 물려준 것이 아니라 여러분의 판결에 의해 주어진 것이었습니다. 그래서, 그는 시민이 아니었다 해도, 이런 이유 때문에라도 나라에 충성해야 하는 것입니다. 전쟁 수행과 도시의 안전을 위해서 참으로 많은 특별기금이 모든 시민에 의해서 제공되었으나, 디카이오게네스(III)는 레카이온[57]을 배앗긴 다음 다른 시민의 요구에 의해, 크레테 인 클레오니모스가 낸 것보다 더 적은 3백 드라크마의 기부금을 민중에게 약속한 것을 제하고는, 아무 것도 기부한 적이 없습니다. 약속한 이 돈도 내지를 않 38

아서 부족의 시조 상 앞에 다음과 같은 표제어를 가진 연체자 목록에 올라있습니다 : “이들은 나라르 구원하기 위해 자진하여 기부하기로 민중에게 약속했으나, 약속한 금액을 지불하지 않았다.” 사실, 여러분, 여러분 모두가 모이는 민회에 이런 식으로 행하는 사람이 나를 기만하는 것이 뭐 그렇게 놀랄 일이겠습니까? 이런 사실에 대해 나는 여러분 앞에 증인을 모시도록 하겠습니다.

증인들

그렇게 많은 재산을 가진 디카이오게네스(Ⅲ)가 나라를 위해 제
39 공한 공적 봉사는 이런 식이며 이런 정도입니다. 친척에 대해서 이런 식으로 행했음을 여러분은 아실 것입니다. 우리보다 더 강하다고 해서 그는 우리 가운데 일부로부터 재산을 빼앗았고, 나머지에게는 생필품의 부족으로 날품 팔러 가는 것을 묵인했습니다. 모든 이가 보는 앞에서, 그의 어머니가 에일레이티이아 사당 앞에 앉아서 내가 입에 올리기조차 부끄러운 행위를 그가 행하는 것을 책망했으나, 그는 그런 행위를 부끄러워하지 않았습니다.
40 지인들 가운데, 어릴 적부터 친구였던 에깁토스 출신 멜라스로부터 속여서 돈을 빼앗았으므로, 그는 지금 그의 속적이 되었습니다. 그 다른 친구들 가운데서 일부는 그에게 빌려준 돈을 아직 받지 못했고, 또 다른 일부는 그에게 속아서 그가 검증유증을 받으

면 주기로 약속한 돈을 받지 못했습니다. 여러분, 이 재산을 물려 41
받아서 불려준 우리 조상들은 갖가지 공적 임무를 수행했고 전쟁 비용으로 거금을 기부했으며, 계속 삼단노선주로 복무했습니다. 이 모든 봉사의 증거로서 이들은 나머지 재산으로 그 공덕을 기
리는 기념물을 신전에 헌납했습니다. 디오니소스 신전이나 피티 42
아 마폴론 신전에 후원자로서 승리하여 얻은 삼각대 같은 것이 그것입니다. 더구나 아크로폴리스에 첫 과실을 바침으로써, 사재에서 마련된 많은 청동 및 석조의 조상들을 가진 신전을 장식했습니다. 그들은 나라를 위해서 전장에서 싸우다가 죽었습니다. 내 할아버지 메넥세노스(I)의 아버지인 디카이오게네스(I)는 엘레우시스에서 전투가 벌어졌을 때 장군으로 있었으며, 그 아들인 메넥세노스(I)는 올린토스 땅 스파르톨로스에서 기병을 지휘했으며, 메넥세노스(I)의 아들 디카이오게네스(II)는 크니도스에서 파랄
로스 호 지휘관으로 있을 때 전사했습니다. 디카이오게네스여, 43
이들의 재산을 당신이 사악하게 물려받고 수치스럽게 낭비했으며 팔아서 가난을 자초했습니다. 그돈을 어디에다 썼습니까? 분명히 당신은 나라를 위해서나 당신의 친구를 위해서 아무 것도 쓰지 않았기 때문입니다. 당신은 말을 기른다고 그런 것도 아닙니다. 3므나 이상의 말을 사본 적이 없기 때문이지요. 또 가축을 기른다고 그런 것도 아닙니다. 그 많은 토지와 재산을 가졌음에도 한 쌍의 당나귀를 길러본 적이 없기 때문이지요. 전쟁 포로를

44 해방시킨다고 그런 것도 아닙니다. 메넥세노스는 3탈란톤의 봉헌물을 만들어서 봉헌하려 하다가 죽는 바람에 그것을 바치지 못하고 아직도 조각가의 작업장에 굴러다니는 것을, 당신은 아크로폴리스로 옮겨오려고 하지도 않았습니다. 이렇게, 당신은 아무 권리도 없는 재물을 가지려고 애를 쓰지만, 신에게 속한 조상들
45 을 신들에게 바치지를 않았습니다. 디카이오게네스여, 재판관들이 당신을 무죄로 할 수 있는 어떤 근거를 제시할 수 있습니까? 당신은 나라를 위해서 많은 공적 임무를 수행했고, 낭비를 통하
46 여 도시의 위엄을 향상시켰다고 주장하렵니까? 아닙니다. 당신은 그런 일을 해본 적이 없어요. 당신은 훌륭한 군인이었다는 구실로 무죄 방면을 요구하렵니까? 그러나 당신은 그렇게 오랜 위기의 전쟁이 벌어지는 동안 한 번도 군인으로 복무한 적이 없어요. 올린토스 인과 섬사람들이 우리 땅을 지키기 위해 적과 싸우다가 죽어가는 동안, 디카이오게네스여, 당신은 시민이면서도 한 번도 군인으로 복무한 적이 없습니다. 혹 당신의 조상이 참주를 살해했으므로 그 때문에 나보다 더 낫다고 주장하렵니까? 그러나 나는 그들에게 내 존경을 바쳤으나, 내가 보기에 당신은 그들의 용
47 기를 조금도 공유한 것 같지 않아요. 첫째, 당신은 그들의 명예보다 우리 재산을 소유하려 했고, 또 하르모디오스 보다는 디카이오게네스의 아들로 불리기를 원하면서, 시청사(프리타네이온)에서 식사하는 권한을 경멸하고 이들 영웅의 후손들에게 주어지는 명

예의 자리와 세금면제 특권을 경멸했습니다. 더구나 저 아리스토게이톤과 하르모디오스는 태생이 아니라 그 용감한 행위로 인해 명예를 얻었으나, 디카이오게네스여, 당신은 그런 것과는 아무 관련이 없구려.

Ⅵ

필록테몬의 재산에 관하여

사건개요

이 변론은 필록테몬의 재산을 둘러싼 것이다. 필록테몬은 에욱테몬의 다섯 자식 – 세 아들과 두 딸 – 가운데 속한다. 두 딸은 각각 카이레아스와 파노스트라토스에게 출가했고, 세 아들은 모두 자식이 없이 죽었다. 세 아들 중 맨 마지막에 죽은 필록테몬은 생시 유언을 통해 파노스트라토스와 혼인한 누이의 아들인 카이레

〈가계도〉

스트라토스를 입양하고 상속인으로 했다. 필록테몬이 죽었을 때 카이레스트라토스는 상속을 위한 법적 검증유증 절차를 밟지 않았다. 아직 필록테몬의 아버지 에욱테몬이 아직 살아있었고, 필록테몬의 재산은 에욱테몬의 것과 섞여있었기 때문이다. 그 후 에욱테몬이 죽고 난 후 카이레스트라토스는 검증유증 절차를 밟게 되었다.

그런데 이 카이레스트라토스의 상속권에 대해 에욱테몬의 근친 중 안드로클레스가 이의를 제기했다. 카이레아스의 미망인인 에욱테몬의 딸은 무남상속녀가 되었고 안드로클레스는 최근친이므로, 안드로클레스는 카이레아스의 미망인에 대해 혼인권이 있으며, 재산은 카이레스트라토스에게 검증유증 되어서는 안 된다고 주장한다. 그 다음에는 또 에욱테몬에게는 적자가 두 명이 있으므로 재산은 카이레스트라토스에게 상속되어서는 안 된다고 주장한다.

다른 한편, 화자는 안드로클레스 자신의 주장에 모순이 있음을 지적한다. 에욱테몬에게 두 명의 적자가 있다면, 에욱테몬의 딸은 무남상속녀가 될 수 없다는 것이다. 이어서 화자는 안드로클레스의 공익정신의 부족과 평소 비행을 고발하는 한편, 카이레스트라토스와 그 집안의 관대함에 대해 논한다. 또 화자는 이 소송의 원인 제공자는 안드로클레스와 안티도로스라고 하고, 이들이 에욱테몬의 재산을 빼앗기 위해 알케와 음모를 꾸며, 알케의 두 아들의 후견인으로 행세한다고 주장한다.

와자는 카이레스트라토스의 친구이며 한 집안사람이다. 이 변론은 기원전 364년 경으로 추정된다.

요점

에욱테몬의 아들 필록테몬은 유언에 의해 자신의 두 누이들 가운데 한 누이와 파노스트라토스 사이에 난 아들인 카이레스트라토스를 양자로 들였다. 그 유언은 그 다른 누이의 남편인 카이레아스에게 맡겨져 있던 것이었다. 필록테몬은 자신의 아버지 에욱테몬이 살아있을 때 죽었고 또 아버지 에욱테몬도 죽었을 때 카이레스트라토스는 법에 따라 소유권을 주장했다. 그런데 안드로클레스가 반대를 하면서 에욱테몬은 안티도로스라는 적자가 있으므로 재산은 검증 유증의 결정에 맡겨져서는 안 된다고 했을 때, 카이레스트라토스와 그 지지자들은 그런 반대를 일축하면서, 안티도로스와 그의 누이는 사생아이며, 법에 따라 사생아의 아들딸은 근친으로서의 상속권이 없다고 주장했다. 입장의 차이는 필록테몬이 카이레스트라토스를 자신의 아들로 양자채택 했는지 하는 것, 나아가 안티도로스와 다른 자식이 사생아인가 하는 것이다.

본문

여러분, 내가 파노스트라토스와 여기 이 사람 카이레스트라토스와 누구보다 가깝게 지냈던 사실을 여러분 가운데 많은 분들이 알고 있다고 생각합니다. 그러나 그것을 모르시는 분을 위해 내가 확실한 증거를 대겠습니다. 카이레스트라토스가 삼단노선주가 되어 시켈리아로 떠날 때, 나는 그 전에도 그곳으로 가 본 적이 있어서 감당해야할 온갖 위험을 잘 알고 있었으나, 이들의 부탁으로 그와 함께 떠나서 그와 불행을 함께 하면서 적에게 포로로 붙들렸습니다. 위험이 명백한 상황에서 그들에 대한 내 우정 때문에 이 모든 것을 감내한 반면, 여러분이 스스로 한 맹서에 따라 판결하시도록 하고 또 내 소송의뢰인들에게 정의가 이루어지도록 그들의 입장을 변론하는 지금은 그렇지 않다면 말이 안 되는 것이지요. 그러니, 내게 양해를 푸시고 관대하게 내 말을 들어주시기를 부탁드립니다. 이 소송은 그들에게 사소한 것이 아니고 중차대한 것입니다.

1
2

3 케피시아 출신 필록테몬은 카이레스트라토스의 친구였고, 죽으면서 그에게 자신의 재산을 물려주고 그를 자신의 아들로 입양했습니다. 카이레스트라토스는 법에 따라 재산에 대한 청구권을 구했습니다. 그러나 원하는 아테네 인은 여러분 앞에 '직접 소송 euthydikia'을 내서 상속권에 대해 문제를 제기할 수 있고, 또 만일 그 주장이 더 정당하다면 재산을 가질 수 있도록 법에 규정되어

4 있으므로, 이렇게 안드로클레스가 이의를 제기하여, 상속이 검증
유증의 대상이 아니라고 주장하면서 내 소송의뢰인으로부터 재
산 청구권을 박탈하려 하고 있으므로, 여러분은 필록테몬의 재산
을 누가 물려받아야 하는 지를 결정하는 권한을 갖게 되었습니
다. 이렇게 그는 단 한 번의 판결, 단 한 번의 소송으로 그와 아무
런 관계가 없는 망자들의 형제들로서 자리매김하고 더 이상의 법
적 절차 없이 재산을 스스로 차지하며, 망자의 누이의 법적 대리
5 인이 되어 유언을 무효화하려고 하고 있습니다. 안드로클레스는
이의제기에서 비정상적인 주장들을 많이 하고 있습니다. 먼저 한
가지를 들고서, 필록테몬이 유언을 통해 이 사람 카이레스트라토
스를 양자로 들였음을 증명하겠습니다. 필록테몬이 혼인한 아내
로부터 자식이 없었으며, 또 전쟁 중이었으므로 기병이 되거나
삼단노선주로서 자주 바다로 나가면서 상당한 위기에 직면한 것
을 생각하고는 유언을 통해 자신의 재산을 정리하여 자신에게 무
슨 일이 생기더라도 집안의 대가 끊이지 않도록 조치하게 되었습
6 니다. 그에게는 두 형제가 있었는데, 둘 다 자식 없이 죽었습니
다. 두 누이 가운데서는 한 명이 카이레아스의 아내가 되었는데,
아들이 없었고 결혼한 지 여러 해가 지나도 생기지 않았습니다.
다른 누이는 여기 파노스트라토스의 아내가 되었는데, 아들이 둘
있었습니다. 그 중 장남이 여기 카이레스트라토스이며 필록테몬
7 은 그를 양자로 들인 것입니다. 그래서 만일 그가 아내에게서 자

식을 얻지 못하면 카이레스트라토스가 그 재산을 상속하도록 유언장을 만들게 된 것입니다. 그는 그 유언장을 한 누이가 결혼해 있는 매제 카이레아스에게 맡겼습니다. 지금 그 유언장이 여러분 앞에서 낭독되겠고, 그 때의 증인들이 증언을 하겠습니다. 읽어 주십시오.

유언장 및 증언

여러분은 필록테몬이 유언장을 만들었으며, 어떤 조건에서 카 8
이레스트라토스를 자신의 아들로 입양했는지를 들으셨습니다. 그가 그런 권한을 가졌다는 사실을 입증하기 위해 나는 이러 사안에서 가장 정보를 얻을 수 있는 법조문을 여러분에게 제시하겠습니다. 자, 그것을 읽어주십시오.

법

여러분, 이 법은 모든 이에게 똑같이 유효한 것으로, 누구라도 9
사내자식이 없는 경우에는 자신의 재산을 처분하도록 하고 있습니다. 다만 그렇게 처분할 당시 정신이상, 혹은 노령이나 법에 규정하는 다른 원인에 의해 정신적인 장애가 있어서는 안 됩니다. 필록테몬은 이와 같은 예외조항에 해당하지 않았음을 나는 몇 마디로 여러분에게 증명하겠습니다. 일생동안 그렇게도 성실한 시민으로서 여러분의 존경을 받으면서 지휘자로서 봉사할 만하다고 평가를 받았으며, 또 적과 싸우다가 죽은 그런 사람을 어떻게 제 정신이 아니라고 감히 누가 말할 수 있겠습니까?

10 그가 당연한 권리로서 제정신에 유언장을 작성했고 양자를 들였음이 여러분에게 증명이 되었다고 하겠으며, 따라서 안드로클레스는 위증을 한 것이 됩니다. 그러나 안드로클레스는 한 술 더 떠서 내 소송상대인이 에욱테몬의 적자라고 주장하므로, 나는 이런 주장 역시 거짓임을 증명하겠습니다. 필록테몬의 아버지인 에욱테몬의 실제 자식들, 즉 필록테몬 자신과 에르가메네스, 헤게몬, 두 딸들, 그리고 이들의 어머니로서 에욱테몬이 혼인한 여인인 케피시아의 메익시아데스의 딸은 그 모든 근친과 형제단(프라토라이)과 다수 촌락인(데모타이)이 알고 있으므로, 그들이 여러분에
11 게 사실을 증명할 것입니다. 그러나 에욱테몬이 생시에 다른 여인과 혼인하여 거기서 자식을 얻었다는 사실을 누구도 들어본 적이 없습니다. 집안사람들이 알고 있는 것, 그런 것만이 참으로 믿을 만한 증거가 되어야 하는 것이 당연합니다. 먼저 그들을 불러서 증언을 듣도록 하십시오.

증언

12 이제 내 소송상대인이 그 주장을 증명하기 위해 제시한 증거들을 검토해보도록 하겠습니다. 관리(아르콘) 앞에서 심문이 행해지고, 에욱테몬의 합법적 자식들이라는 자신의 주장을 뒷받침하기

위해 저들이 법정에 공탁금을 지불했을 때, 그들의 어머니가 누구이며 누구의 딸인가라고 우리가 물었을 때, 우리가 항의를 하고 관리들이 법에 따라 그들로 하여금 대답을 하게 했는데도, 그들은 대답을 할 수가 없었습니다. 여러분, 자신들이 적자라고 주장하고 이의를 제기했으나 자신들의 어머니가 누구인지와 그 친
13 척의 이름을 대지 못하는 것은 이상한 것입니다. 그때 그들은 자신의 어머니가 렘노스 출신이라고만 하고 꾸물거렸습니다. 마침내 그들이 조사를 받으러 왔을 때, 다른 사람이 질문할 틈도 없이, 바로 그 어머니가 칼리페이며 피스토크세노스의 딸이라고 밝혔습니다. 마치 피스토크세노스라는 이름만 밝히면 충분한 것처럼 말입니다. 그가 누구인지, 그리고 살아있는지의 여부를 우리가 묻자, 대답하기를 그는 시켈리아에서 군 복무 중에 죽었으며 칼리페라는 딸을 에옥테몬의 집에 맡겼으며. 그의 후견 하에 있는 동안 아들 둘을 낳았다고 했습니다. 이렇게 그들은 뻔뻔함의 도를 넘고 완전히 거짓 이야기를 만들어냈으니, 그 점을 나는 먼저 그들 자신이 한 대답으로부터 여러분에게 증명해 드리겠습니
14 다. 시켈리아 원정[58] 이후 원정군이 출발하던 아림네스토스 아르콘 때부터 계산하여 52년이 지났습니다. 그러나 칼리페와 에욱테몬의 아들이라 주장하는 두 명 중의 맏이는 아직 스무살을 채 넘기지 못했습니다. 이런 햇수를 짐작해 본다면, 시켈리아 원정 이후 삼십 년 이상이 아직 더 남아있습니다. 만일 칼리페가 서른살

이라면 그녀는 후견을 필요로 하지 않았을 것이고 또 아직 미혼이거나 자식이 없거나 하지도 않았을 것입니다. 오히려 법에 따라 후견인에 의해서거나 혹은 법정의 판정epidikasia에 따라 혼인 절
15 차를 거쳐 오래 전에 결혼했을 것입니다. 더구나, 만일 그녀가 에욱테몬의 집에서 그와 실제로 혼인하여 오랜 세월 살았더라면, 당연히 친지들과 에욱테몬의 하인들에게 소개되었을 것입니다. 조사과정에서는 그렇게 말만 해서는 안 되고, 주장하는 사실이 정말 일어났고, 친척들의 증언에 의해 증명되어야 하는 것입니
16 다. 에욱테몬의 집안 사람 가운데 칼리페가 에욱테몬과 혼인했거나 아니면 그 후견 하에 있었던 사실을 아는 사람이 있는지를 대고, 또 그들이 우리 하인들을 심문하거나 아니면 이런 사실을 알고 있다고 그들이 주장하는 그 하인들을 우리에게 넘겨서 조사받도록 해야한다고 우리가 요청했을 때, 그들은 우리 하인들 가운데 누구를 조사하지도 않았고 또 그들 자신의 하인을 우리에게 넘겨주지도 않았습니다. 이제, 그들이 한 대답, 그리고 우리의 증언과 이의제기 내용을 들으십시오.

대답, 증언, 반박

17 내 소송상대인들은 자신의 입장에서 너무나도 중요한 사실을 외면하고 있습니다. 그러나 나는 내 소송상대인들이 적자라고 주장하고 에욱테몬의 재산 상속자로 세우려고 하는 이들의 출신과

성분을 여러분에게 보여드리겠습니다. 여러분, 에욱테몬의 불행을 재언하는 것이 파노스트라토스에게는 고통스러울 것이나 몇 가지 사실은 언급되어야 합니다. 그래야 사실을 통해서 여러분이 더 쉽게 올바른 판단을 할 것이기 때문입니다. 에욱테몬은 96세 18
를 살았고, 그 대부분 기간 동안 행운아로 알려져 있었습니다. 그는 상당한 재산을 가지고 있었고 처자식이 있었으며, 다른 면에서도 상당히 운이 좋았습니다. 그러나 나이가 들면서 큰 불행이 그를 덮쳐 그 집안이 몰락하고 많은 재물을 잃고 집안사람과도 불화하게 되었습니다. 그 원인과 과정을 나는 가능한 한 간단하 19
게 설명 드리겠습니다. 여러분, 그는 피해방 여인을 데리고 있었는데, 그녀는 페이라이에우스에서 에욱테몬의 주막을 경영하면서 창녀를 거느리고 있었습니다. 그들 가운데 알케라는 여인이 있었는데, 여러분 중 다수가 그 여인을 알 것이라고 저는 생각합니다. 이렇게 팔려온 알케는 수 해 창녀로 살았으나, 나이가 너무 많아지자 그 생활을 접었습니다. 그녀가 주막에 사는 동안, 디온 20
이라는 피해방인과 관계를 했으며, 그녀는 바로 이 사람들의 아버지가 디온이라고 밝혔습니다. 디온도 실제로 그들을 자신의 아이들로 키웠습니다. 얼마후 디온은 배열한 행위를 하고는 겁이 나서 시키온으로 물러났습니다. 여인 알케는 에욱테몬의 부탁으로 케라메이코스의 입구 문, 술을 파는 곳에 있는 그의 임대 가옥을 돌보게 되었습니다. 여러분, 그녀가 그곳에 거주하면서, 많은 21

부작용이 일게 되었습니다. 에욱테몬이 지대를 받으러 자주 그곳에 들러서 많은 시간을 그 임대 가옥에서 보냈고, 때로는 자신이 처자와 집을 버려둔 채 그녀와 식사를 들곤 했습니다. 그의 아내와 아들들이 항의를 해도, 그는 계속 그곳에 들락거렸을 뿐 아니라 완전히 그곳에 눌러살게 되었습니다. 그런 상황에서 그는 마약 혹은 병, 혹은 다른 어떤 다른 원인에 의한 상황에서 그 여인의 말을 따라 두 자식 가운데 맏이에게 자신을 이름을 붙이고 형
22 제단phratorai에 소개했습니다. 그런데 필록테몬의 아들이 이런 처사에 반대하고 형제단의 성원들이 그 소년을 받아들지 않으려하고 또 입양의 의식을 위한 제물이 제단에서 제거되었습니다. 에욱테몬은 그의 아들에게 화가 나서 그에게 창피를 줄 요량으로, 만일 그 아들이 알케의 자식을 받아들이지 않는다면 자신은 아피드나 출신 데모크라테스의 누이와 혼인하고 그녀에게서 난 이이
23 를 가족으로 받아들일 것이라는 뜻을 밝혔습니다. 에욱테몬이 그 나이에 아이를 낳을 수 없겠으나 어떤 다른 변수가 있어서 더 한 불화가 생길 것 같아서, 여러분, 친척들은 필론테몬으로 하여금 농장 하나를 그에게 주는 것으로 에옥테몬이 제기하는 조건 하에
24 그 아이를 받아들이도록 했습니다. 필록테몬은 아버지의 이리석음을 탓했으나 당면한 상황에서 어찌할 바를 몰라서 반대를 하지 않았던 것입니다. 이렇게 동의가 이루어지고 그 아이가 이런 조건 하에 입양된 후 에욱테몬은 자신의 혼인계획을 포기함으로써,

결혼하겠다고 협박한 목적이 아이를 얻으려는 것이 아니라 이 아이를 소개하여 들이기 위한 것이었음을 증명했습니다. 안드로클 25
레스여, 당신이 증명하는 것 같이 만일 이 아이들이 에옥테몬과 도시aste 여인 사이에서 난 것이라면, 에욱테몬이 무엇 때문에 혼인하려 했겠습니까? 만일 그들이 적자라면 그들을 가족으로 소개하는 데 누가 반대를 했겠습니까? 모든 적자는 아버지의 재산에 대해 동등한 권한을 가지도록 법에 규정되어 있는데, 무엇 때문에 에욱테몬이 특수한 조건 하에 그들을 소개하게 되었을까요?
그리고 왜 그가 두 아이 중 맏이를 특수한 조건 하에 소개했으나, 26
필록테몬의 생시에 이미 태어난 상태에 있던 그 동생에 대해서는 필록테몬에게나 다른 친척들에게 일언반구 없었을까요? 그런데도 당신(안드로클레스)은 그들이 적자이며 에욱테몬의 재산의 상속자라고 분명하게 증언하고 있는 것입니다. 이런 내 주장이 진실임을 보여주는 증언을 읽어주십시오.

증언

이런 일이 있은 다음, 필록테몬은 키오스 부근에서 삼단노선을 27
지휘하다가 전사했습니다. 얼마 후 에욱테몬은 아들과 동의된 사항을 적어서 보관하고 싶다고 사위들에게 말했습니다. 파노스트라토스는 삼단노선주로 티모테오스[59]와 함께 막 출발하려던 참으로 그 배가 무니키아에 있었으므로, 그의 동서 카이레아스는

그에게 작별인사를 했습니다. 에욱테몬은 카이레아스와 함게 약
간이 사람들을 데리고 배가 정박해있는 곳으로 와서는, 아이를
소개할 때의 조건을 적은 문서로 적은 것을 사람들 앞에서 자신
28 의 친척 케피시아 출신의 피토도로스에게 맡겼습니다. 여러분,
에욱테몬의 이런 행위가 바로 이 아이들을 안드로클레스가 주장
하는 것 같은 그런 적자로 보지 않았음을 증명하고 있습니다. 법
률에 따르면, 아버지의 재산은 아들에게로 전수되며 적자를 가진
사람은 재산을 처분할 수 없도록 되어 있으므로, 아무도 유언에
의해 자신의 아들에게 선물을 남기지 않습니다.
29 그 문서가 거의 2년 동안 보관되어 있다가 카이레아스가 죽었
을 때, 내 소송상대인은 알케의 사주를 받고 또 재산이 줄어들며
또 에욱테몬이 노령과 허약함을 기회로 하여, 음모를 꾸몄습니
30 다. 이들은 먼저 에욱테몬으로 하여금 유언이 그 아이들을 위한
것이 아니라는 이유로 그것을 취소하도록 했습니다. 아무도 에욱
테몬의 딸들이나 그 딸의 소생이 아니면 에욱테몬의 사후 그 부
동산(가시 재산, phanera ousia)을 차지할 수가 없으나, 만일 에욱테몬이
그 일부를 팔아서 돈으로 남긴다면, 그 아이들이 확실하게 그것
31 을 소유할 수 있게 될 것이라는 것이었습니다. 에욱테몬이 그 말
을 듣고 당장에 그 문서를 피토도로스로부터 돌려받으려고 그를
소환했습니다. 피토도로스가 관리 앞에 출석했을 때 에욱테몬은
32 그 유언을 취소하고 싶다고 말했습니다. 피토도로스는 문서를 없

애는 데 대해 에욱테몬과 임석한 파노스트라토스에게 동의했습니다. 그런데 그 문서의 증인 가운데 한 사람이었으며 무남독녀를 갖고 있던 카이레아스가 제안하기를, 그 문서는 그녀의 법적 대리인을 지명한 다음에야 폐기되어야 한다고 제안했고, 관리는 그렇게 하도록 결정했습니다. 에욱테몬은 관리와 임석관들 앞에서 이에 동의한 다음, 많은 사람들을 불러서 유언장은 더 이상 존재하지 않음을 보증하도록 하고 자리를 떴습니다. 유언을 취소하 33
도록 에욱테몬을 유도한 목적에 따라, 얼마 가지 않아 에욱테몬은 아트모논에 있는 농장 하나를 75 므나에 안티파네스에게, 그리고 세란기온에 있는 목욕탕을 3천 드라크메에 아리스톨로코스에게 팔았습니다. 그리고 그는 아테네에 있는 집 하나를 44므나에 히에로판테스[60]에게 저당 잡혔습니다. 더구나 그는 몇 마리 염소를 13므나에 팔았고, 두 마리 당나귀를 8므나, 다른 당나귀는 5백 5십 드라크메, 그리고 장인들이었던 모든 노예를 팔았습니다. 필록테몬이 죽은 다음 그가 급히 처분한 재산의 총액은 3탈란 34
톤이 넘었습니다. 내가 말한 것이 진실임을 증명하기 위해 5명의 증인을 불러서 내가 한 진술 각각을 뒷받침하도록 하겠습니다.

증언

사실은 이상과 같습니다. 그들은 그런 다음 그들은 나머지 재 35
산도 취하기 위해 당장에 계획을 세웠고 가장 무모한 계획을 세

웠는데 그에 대해 여러분이 주의할 필요가 있습니다. 에욱테몬이 노령으로 완전히 기가 빠져 그 침대에서 일어나지도 못하는 것을 보고, 그들은 그가 죽은 후 모든 재산을 자신들이 장악할 방법을
36 찾기 시작했습니다. 무슨 짓을 했을까요? 그들은 이 두 아이를 관리 앞에 이미 죽은 에욱테몬의 아들들[61]의 양자로, 그리고 자신들은 그 아이들의 후견인으로 등록하고는, 관리들에게 고아의 재산으로서 그 집안 재산을 임대하도록 허가를 구해서는, 재산의 일부는 임대하고 일부는 담보물로 이용되도록 했습니다. 그리고는 에욱테몬의 생시에 거기다 아이들의 이름으로 담보물 표지를 붙인 다음 자신들이 임대인이 되어 그 수익을 취하려 했습니다.
37 법정이 열린 첫째 날, 관리는 임대를 경매에 올렸는데, 그들이 재산을 임대하겠다고 제안한 것입니다. 그런데 거기 출석한 일부 사람들이 그 음모를 친척들에게 고자질하고, 그 친척들이 관리에게 내막을 말려주었습니다. 그러자 관리들은 집의 임대를 허락하지 않았던 것입니다. 그런 음모가 발각되지 않았더라면, 모든 재산이 사라져버릴 뻔 했습니다. 그 때 출석했던 증인을 불러주십시오.

증언

38 우리의 소송상대인이 그 여인과 통하여 그녀와함께 에욱테몬을 해치기 전에, 에욱테몬과 그 아들 필록테몬은 많은 재산을 가

져서 둘 다 재산을 팔지 않고도 가장 돈이 많이 드는 공공 임무를 수행할 수 있었고, 수입을 저축하여 점점 더 부자가 되었습니다. 그런데 필록테몬이 죽은 다음 재산은 줄어들어서 원래의 반도 남지 않았고 무든 수입이 사라졌습니다. 여러분, 그런데도 그들은 39
그런 정도의 착복에 만족하지 못했습니다. 에욱테몬이 죽자, 그들은 무모하게도, 아직 에묵테몬이 집에 죽어 누워있는 가운데서, 하인들의 출입을 금지하고 아무도 에욱테몬이 죽은 사실을 그의 두 딸 혹은 그 아내, 혹은 친척들에게 알리지 못 하도록 한 것입니다. 그런 동안 그들은 여인들을 시켜서, 그들 중의 한 사람으로 가장 극악무도한 안티도로스가 임대하여 사용하고 있던 그 옆집으로 가구들을 옮겼습니다. 다른 사람들에 의해 소식을 듣고 40
에욱테몬의 딸들과 아내가 왔을 때도 그들은 이들을 들어오지 못하도록 하고 문을 닫고는 장례를 치르는 것은 이들의 일이 아니라고 말했습니다. 이렇게 일몰이 되어서야 이들은 겨우 안으로 들어갈 수가 있었습니다. 안으로 들어간 이들은, 하인들이 말하 41
는 대로, 이미 에욱테몬이 이틀 전에 죽은 사실, 그리고 집안 물건들이 모두 치워진 것을 알았습니다. 수순대로 여인들이 망자를 돌보는 동안, 여기 내 소송의뢰인들이 바로 동행한 사람들에게 집안 상황을 눈여겨보도록 하고, 하인들에게 가구들이 어디로 옮겨졌는지를 묻기 시작했습니다. 내 소송상대인들이 옆집으로 가 42
구가 옮겼다고 하인들이 대답하자, 내 소송의뢰인들은 즉각 합법적 방법으로 그 집을 수색할 수 있는 권한을 요구했고 그것을 옮긴 하인들을 내놓으라고 요청했습니다. 내 소송상대인들은 그런 정당한 요구들을 거부했습니다. 내 말이 사실임을 증명하기 위해 이 문서들을 받아서 읽으십시오.

문서들

43 이들은 모든 가구를 집에서 빼낸 다음, 많은 재산을 팔아서 그 수익을 챙겼습니다. 나아가 당시 들어오던 수입을 착복을 하고 나머지 재산도 장악했습니다. 그들의 무모한 행위가 극에 달하여, 직접 소송을 제기하지 않고, 그것이 적자의 문제와 관련이 되는 것처럼, 거짓임은 물론 그 전에 그들이 한 행위와도 모순이 되
44 는 이런 주장을 제기했습니다. 그들이 아이들을 한 아이는 필록테몬의 아들로, 다른 아이는 에르가메네스의 아들로 관리에게 등록했으면서도, 지금은 그들이 에욱테몬의 아들들이라고 말하고 있습니다. 우리 소송상대인이 말하는 것처럼, 만일 이들이 에욱테몬의 적자였으나 그 후 양자로 입양된 것이라 해도, 에욱테몬의 아들로 등록될 수가 없습니다. 법에서는 입양된 자는, 입양된 집에 적자를 만들어주지 않고는, 원래의 집안으로 돌아오는 것을 허용하지 않기 때문입니다. 그러니 그들 행위 자체를 보더라도
45 그들의 증언은 결코 진실이 아닙니다. 만일 그 집이 임대되었던 것이라고 소송상대인이 꾸며댄다면, 내 소송의뢰인들은 더 이상

그들에게 청구권을 주장할 수가 없게 됩니다. 그러나 지금은, 재판관들이 아무 것도 그(소송상대인)들에게 속하지 않는 것이라 판결했으므로, 그들은 감히 그런 주장을 할 수가 없게 되었습니다. 그러자 그들의 뻔뻔함이 극치에 이르러, 여러분이 판결을 통해 배제한 이들 젊은이들이 상속권자라는 사실을 입증하는 추가적 증거자료를 제시했습니다.

더구나, 증인 자신의 뻔뻔함과 무모함을 보십시오. 그는 스스 46
로 에욱테몬의 딸이 여상속인이라고 하고 에욱테몬 재산의 1/5을 검증유증받아야 한다고 주장하면서도 에욱테몬이 적자를 가지고 있었다는 증거를 제시햇습니다. 이런 주장에서 허위 증거를 제시했음을 스스로 분명하게 드러낸 것이 아니겠습니까? 에욱테몬이 적자를 가지고 있었다면 그의 딸은 여상속인이 되거나 검증유증을 받을 수가 없게 됩니다. 그가 이런 주장들을 한 사실을 입증하기 위해 서기가 여러분에게 증언을 읽어드릴 것입니다.

증언

이렇게 법이 규정하고 있는 것과 반대로 행해졌습니다. 법에 47
따르면, 남녀 사생아는 에우클레이데스 아르콘[62] 이후 가족의 제사나 재산 등에서 친족권을 주장할 수가 없습니다. 그런데도 안드로클레스와 안티도로스는 에욱테몬의 합법적 딸들과 그 자식들을 도외시하고 에욱테몬과 필록테몬의 재산을 자치할 권한이

48 있다고 생각합니다. 그리고 에욱테몬의 이성을 가리고 그 많은 재산을 가로챈 이 여인은 너무나 방자하여, 우리 소송상대인을 믿고는 에욱테몬의 가족 뿐 아니라 모든 도시를 하찮게 여기고 있음을 증명하고 있습니다. 한 가지 예만 들으신다면, 그녀의 방자함을 깨닫게 될 것입니다. 이 법을 보십시오.

법률

49 여러분, 이 법률은 여러분이 이들 여신들과 다른 남신들에게 바치는 충성으로 엄숙하게 만든 것입니다. 그러나 하녀였고 평생을 수치스런 생활을 한 것으로 알려져 있는 이들(양자로 채택되었다
50 는 아이들)의 어머니는 한 번도 신전에 들어가 본 적이 없고 그곳에서 거행된 제식을 본적이 없었으나, 이들 여신들을 위해 제식이 거행될 때, 감히 함께 행진에 참여했고 신전으로 들어가서 허용되지 않은 것들을 보았습니다. 내가 진실을 말하고 있음을 여러분은 그녀에 관해 의회가 통과시킨 법률을 통해 알게 될 것입니다. 조령을 들어주십시오.

조령

51 그러니, 여러분, 이 여인의 아들 혹은 내 소송의뢰인, 즉 필록테몬이 양자로 들인 필록테몬의 누이의 아들 중 누가 필록테몬의 재산 상속자이며 제주와 제사를 바치기 위해 무덤으로 갈 권리가

있는 지를 여러분이 판단해 주십시오. 그리고 그 전에 카이레아스의 아내였으며 지금은 미망인인 펠록테몬의 누이가 우리 소송상대인의 손아귀에 떨어져 그들이 선택하는 아무개와 혼인을 할 것인지, 아니면 미망인으로 늙어가도록 놓아두어야 하는지, 아니면 합법적인 딸로서 누구와 혼인해야 할 것인지 여러분의 결정에
따라야 할 것이지 하는 것도 결정해주십시오. 이런 사안들에 대 52
해 여러분이 지금 판결을 해야 하는 것입니다. 저들이 항의하는 목적은 모든 위험부담을 내 소송의뢰인에게 지우는 것입니다. 우리의 소송상대인은 그리고 우리 소송상대인은 이 재판에서 패소하나 재산이 검증유증 건으로 걸린다면, 청구권을 제시함으로써 같은 재산에 대해 두 번째 소송을 제기할 것입니다. 만일 필록테몬이 권한도 없으면서 유언으로 재산을 처분한 것이라면, 그들이 항의해야 하는 것은 그가 합법적으로 내 소송의뢰인을 자신의 양자로 입양할 권한이 있는가 하는 점입니다. 그러나 만일 유언을 하는 것이 합법적이지만, 내 소송상대인이 필록테몬이 기부나 유언을 하지 않았다는 주장을 한다면, 그는 항의가 아니라 직접소송을 제기함으로써 문제를 진행시켜야 할 것입니다.

여기서 다음과 같은 질문을 하는 것보다 더 분명하게 그의 위 53
증을 확인하는 방법이 어디 있겠습니까? "안드로클레스여, 당신은 필록테몬이 유언장을 만들거나 카이레스트라토스를 입양한 사실이 없다는 사실을 어떻게 아는가?" 라고. 여러분, 사람이 그

자리에 임석했다면 본 바를 증언해야 할 것이고, 임석하지 않고
다른 사람으로부터 일어난 일을 들었다면 들은 바를 증거로 제시
54 할 수 있습니다. 그러나 당신은 그 자리에 있지도 않았으면서 필
록테몬이 유언장을 쓰지 않았고 아이 없이 죽었다고 분명히 증언
하고 있는 것입니다. 여러분, 어떻게 그가 이런 사실을 알 수 있
을까요? 이것은 마치, 그 자리에 있지도 않았으면서, 여러분이 하
는 모든 행위를 아는 것처럼 말하는 것과 같습니다. 그가 아무리
뻔뻔하다 해도, 필록테몬이 생시에 한 모든 일을 직접 보고 모든
55 것을 다 알고 있다는 말은 못 할 테지요. 왜냐하면 필록테몬은 그
를 가장 증오스런 적으로 생각했으니까요. 성질도 고약할뿐더러
친척 중에서 유일하게 그가 저 알케와 공모하여 이 친구[63]와 다
른 동료들과 함께 에욱테몬의 재산을 노려서 내가 여러분에게 설
명해드린 행위를 자행했으니까요.

56 그 중에서도 가장 기막힌 사실은 내 소송의뢰인의 할아버지인
에욱테몬의 이름을 도용한 것입니다. 만일 그들의 주장처럼, 필
록테몬이 유언을 할 권리가 없고 재산이 에욱테몬의 것이라면 누
가 에욱테몬의 재산을 상속할 우선권을 갖겠습니까? 그의 합법적
인 딸들과 그녀들의 아들들인 우리이겠습니까?[64] 아니면 그와 아
57 무런 관계가 없고, 그들이 주장하는 권리는 우리 뿐 아니라 후견
인이라고 하는 그들 자신의 행위에 의해서도 반박되는 그들입니
까? 여러분, 내가 여러분에게 간청하는 것은 조금 전에 내가 여러

분에게 말씀드린 다음과 같은 점을 유념하시라는 것입니다. 즉 여기 안드로클레스는 에옥테몬의 적자라고 하는 권리청구인의 후견인이었으며, 또 스스로 에욱테몬의 재산에 대한 권한을 요구하고 자신의 딸을 상속녀라고 주장하고 있다는 점입니다.

그리고 그 증거가 여러분 앞에 제시되었습니다. 올림포스 신의 58
이름을 걸고, 여러분, 만일 아이들이 적자라고 한다면 그 후견인이 스스로 에욱테몬의 재산을 요구하고 자신의 딸을 상속녀라고 하는 것, 그리고 만일 그들이 합법적이 아니라면 지금에 와서 그가 적자라고 하면서 그들이 이의를 제기하는 것이 이상한 것이 아닙니까? 이런 사실들은 서로 모순되는 것들입니다. 그래서 그는 우리 뿐 아니라 그들 스스로의 행위에 의해서도 위증으로 드러납니다. 재산이 검증유증의 대상이 아니라는 문제를 두고 아 59
무도 단순한 이의제기 절차로만 하지 않으며, 안드로클레스는 원한다면 직접소송의 절차를 밟을 수 있습니다. 이제 그는 모든 다른 사람에게서 청구권을 빼앗고 있습니다. 그는 제시한 증거에서 아이들이 적자라고 분명히 밝히면서, 여러분이 수사적 일탈에 흡족해한다고 생각합니다. 그리고 만일 그가 자신의 입장을 증명하거나 아주 간단한 언급을 하는 대신 우리에게 큰 소리로 역을 해대고 또 그는 가난하지만 내 소송의뢰인은 부자라고 말하면 이런 것이 바로 이 아이들이 적자라는 사실을 증명하는 것이라고 생각합니다. 여러분, 내 소송의뢰인들의 재산은 그들 자신보다 나라 60

를 위해 쓰여지고 있습니다. 파노스트라토스는 이미 일곱 번이나 삼단노선주로 재임했고, 모든 공공 임무leitourgia를 수행했으며 많은 승리를 거두었습니다. 여기 카이레스트라토스는 약관에 삼단노선주로 봉직했습니다. 그는 비극 경연대회에서 후원자였으며, 횃불 경주에서 주관자(김나시아르코스)였습니다. 두 사람 모두 특별 전쟁세를 납부했으며, 3백 메딤노이 계층에 속합니다. 이전에는 가족 가운데 이 두 사람만 기부를 했으나, 지금은 여기 더 어린 아들도 비극경연대회에서 후원자가 되었고, 3백 메딤노이 계층
61 에 등록되어 전쟁세를 납부하고 있습니다. 그러니 그들에 대한 아무런 시기도 할 것이 없으며, 제우스와 아폴론의 이름으로, 만일 우리의 소송상대인이 자신에게 속하지 않은 것을 얻게 된다면 그들이 바로 불평의 대상이 되는 것입니다. 만일 필록테몬의 재산이 내 소송의뢰인에게 검증유증된다면, 그는 여러분을 위해서, 지금까지도 그랬던 것처럼 또 그보다 더 열심히, 그것을 가지고 여러분이 그에게 부과하는 모든 공적 임무를 수행할 것입니다. 그렇지 않고 만일 내 소송상대인이 그것을 받게 된다면, 그들은 그것을 낭비하고 또 다른 희생물을 찾게 될 것입니다.

62 그러니, 여러분, 나는 여러분이 호도되지 않고 판결을 내리려는 이의제기에 대해 신중하게 살펴볼 수 있기를 바랍니다. 그에게 우리가 비난을 한 문제점에 대해 해명을 하도록 하십시오. 이의제기의 내용에는 필록테몬이 재산을 기부하거나 유언장을 만

든 일이 없다고 합니다. 이것은 거짓으로 판명이 되었습니다. 그 자리에 있었던 사람들이 필록테몬이 그렇게 한 사실의 증인이기
때문입니다. 더 이상 그들이 할 말이 무엇이겠습니까? 필록테몬 63
이 자식 없이 죽었다는 것입니다. 필록테몬이 양자를 들였고 그가 죽은 후 조카가 남아있으며 그에게 필록테몬 자신의 적자와 같은 상속권이 있음을 법이 규정하고 있는데, 어떻게 필록테몬이 자식이 없을 수가 있습니까? 실제로, 법률에 분명히 명시된 바에 따르면, 만일 양자를 들인 사람에게서 입양한 후 자식이 생기면, 각기 재산의 지분을 가지며 두 부류의 아이들이 같이 상속권을
갖는다는 것입니다. 그러니, 여러분이 이와 유사한 상황에서 하 64
게 되는 것같이, 안드로클레스로 하여금 아이들이 적자라는 것을 증명하도록 하십시오. 그가 어머니의 이름만 말하는 것으로 그 아이들이 적자라는 사실이 증명되는 것은 아닙니다. 그는 그녀가 에욱테몬과 혼인한 사실을 알고 있는 친척을 냄으로써, 그리고 에욱테몬이 그녀를 위해 공적 의례를 치른 것에 대해 알고있는 촌락인(데모타이), 형제단(프라토라이)를 거명함으로써 자신이 진실을 말하고 있음을 증명해야 합니다. 그녀가 어디에, 어떤 종류의
무덤에 묻혀있는지, 에욱테몬이 그녀를 위해 공적 의식을 수행한 65
것을 누가 본 적이 있는지, 그녀의 아들들이 제사와 제주를 바치기 위해 어디로 갔는지, 또 시민들 혹은 에욱테몬의 하인들 가운데 이런 의식들이 치러지는 것을 본 적이 있는지 하는 것을 우리

는 알아야만 합니다. 증거를 구성하는 것은 이러한 점들이며 단순한 욕지거리가 아닙니다. 만일 여러분이 그가 제기한 항의의 실제 내용을 그에게 증명하도록 요구한다면, 여러분의 맹서와 법률에 따라 여러분이 판결하게 될 것이며, 우리 소송의뢰인에게 정의가 이루어질 것입니다.

VII

아폴로도로스의 재산에 관하여

사건개요

형제간인 에우폴리스, 므네손, 트라실로스는 부계 재산의 상속인이었다. 므네손은 자식 없이 일찍 죽었고, 트라실로스는 펠로폰네소스 전쟁 중에 죽었는데 아폴로도로스라는 아들 한 명을 두었다. 형제 중 유일한 생존자인 에우폴리스는 고아가 된 조카 아

〈가계도〉

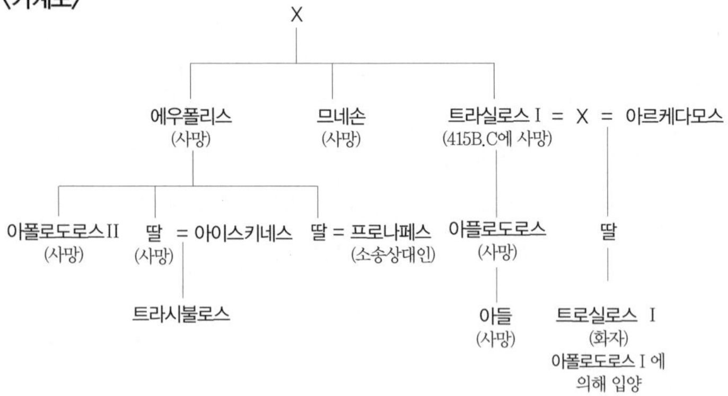

폴로도로스의 후견인이 되었다. 아폴로도로스의 어머니는 남편 트라실로스가 죽은 후 아르케다모스에게 다시 출가했는데, 아르케다모스는 아폴로도로스가 후견인에 의해 피해를 보았다고 주장한다. 아폴로도로스는 양아버지 아르케다모스와 사이가 좋았다. 아폴로도로스가 외아들을 잃었을 때, 그는 아르케다모스의 손자를 입양하기로 했다. 트라실로스라는 이름을 가진 이 손자가 이 변론의 화자이다.

그런데 아폴로도로스는 입양의 절차를 마치기 전에 죽은 것으로 보인다. 양부가 형제단(프라토라이)과 집안(게네타이)에는 입적을 했으나, 촌락사람(데모타이)들에게 소개를 하지 않았던 것이다. 이런 법적 절차의 미진함에 대해 화자는 자신에 대한 양부의 극진한 사랑 등 정황증거를 통해 자신의 상속권을 주장한다. 이 변론문은 기원전 357~356년 사이의 것으로 추정된다.

논점

에우폴리스, 트라실로스(I), 므네손은 형제간이다. 므네손은 자식 없이 죽었다. 트라실로스은 아폴로도로스를 남겼고, 형제 중 에우폴리스 만이 살아남아서 아폴로도로스를 많이 괴롭혔다. 화자話者의 할아버지인 아르케다모스는, 아폴로도로스의 어머니와, 그녀의 첫 번째 남편이 죽은 다음, 혼인 중에 있었는데, 그가 고아인 아폴로도로스를 불쌍히 여겨서, 에우폴리스가 아폴로도로스에게 부당한 행위를 했다는 이유로, 에우폴리스에게 거액을 요구했다. 이것을 감사하게 여긴 아폴로도로스는 자신의 이복 누이와 아르케다모스 (외)손자 사이에서 난 아들 트라실로스를 입양하여 형제단phratorai에 소개했다. 트라실로스는 이미 집안(게네타이)과 형제단(프라토라이)에 등록되었으나 아직 촌락(데모스)의 명부에 등록되지 않은 상태에서 아폴로도로스가 죽었다. 아폴로도로스가 죽은 다음 트라실로스는 명부에 기록되었다. 그런데 아폴로도로스의 삼촌 에우폴리스의 딸이 트라실로스의 상속권을 문제 삼고는, 트라실로스가 형제단(프라토라이)과 집안(게네타이)에 등록된 것은 아폴로도로스의 의사가 결코 아니라고 하고 입양된 것이 아니라고 주정했다. 이것이 논쟁점이며, 분쟁은 사실여부에 관련된다. 화자는 능숙하고 교묘하게 에우폴리스에 대한 아폴로도로스의 적의를 지적하며, 그로 인해 아폴로도로스가 에우폴리스의 딸에게 재산을 상속하려 하지 않았다는 사실에 강한 근거를 제공한다.

본문

1 여러분, 분쟁의 소지가 없는 입양의 형식이 하나 있는데, 그것은 양부 자신이 살아있고 정상의 정신 상태에서 이루어지고 또 의식을 치른 후 친족에게 소개하고 공공장부에 기록하고 또 필요

한 모든 형식을 갖출 때라고 나는 생각하게 됩니다. 반면, 임종에 즈음하여 자신에게 무슨 일이 생기면 다른 이에게 재산을 넘기려 고 원하는 바를 기록하여 봉한 다음 다른 이에게 보관하도록 할 2
때는 분쟁이 일 소지가 있겠습니다. 전자의 경우 양부는 그가 원하는 바를 합법적인 모든 조처를 취함으로써 선명하게 밝힐 수가 있습니다. 반면, 원하는 바를 밀봉된 유언으로 남기는 사람은 그것을 비밀로 함으로써, 흔히 청구권자들은 유언이 가짜라고 주장하며 입양된 자에 대항하여 상속권 분쟁을 벌일 필요가 있다고 생각하게 됩니다. 그러나 이런 구분은 실제로는 크게 가치가 없는 것으로 보입니다. 내 입양은 아주 공개적으로 이루어졌으나, 에우폴리스의 딸은 아폴로도로스의 재산에 대한 내 권리를 문제 삼고 나섰기 때문입니다. 만일, 여러분이 직접 소송보다 이의신 3
청을 선호한다고 내가 생각한다면, 나는, 아폴로도로스가 나를 합법적 절차를 통해 입양했으므로, 재산이 검증유증의 대상이 아니라는 점을 증명하려고 증인들을 소환했을 것입니다. 그러나 이의제기를 통해서는 이 사건의 정의가 여러분에게 충분히 이해되지 않을 것이라는 생각에, 내가 직접 나서서 사실을 설명함으로써 그들이 우리를 이런 재판에 연루되지 않으려 한다고 비난하지 못하도록 하렵니다. 내가 여러분에게 증명하려 하는 것은, 아폴 4
로도로스가 최근친으로부터 너무 시달림을 받았기 때문에 자신의 재산을 그들에게 물려주려 하지 않았을 뿐 아니라, 내 가족으로부터 큰 은혜를 입은 다음 자신의 조카였던 나를 합법적으로 입양했던 사실입니다. 여러분, 내가 여러분 모두에게 부탁하는 것은 내게 여러분의 선의를 베풀어주시고, 만일 내 소송상대인이 재산에 대해 무리한 요구를 한다는 점을 내가 입증할 수 있다면, 내가 정당한 권리를 찾도록 도와주십사 하는 것입니다. 나는 될 수 있는 대로 간단하게 처음부터 있었던 모든 일을 여러분에게 말씀드리도록 하겠습니다.

5 에우폴리스, 트라실로스, 므네손은 같은 아버지, 같은 어머니
를 둔 형제간이었습니다. 그들 아버지가 큰 재산을 남겼으므로
그들 각각 여러분을 위해 공공임무를 수행할 수 있었습니다. 이
세 형제는 재산을 서로 나누었습니다. 그들 중 둘은 같은 시기에
죽었습니다. 그 중 여기 이곳(아테네)에 있던 므네손은 결혼을 하
지 않았고 자식이 없었습니다. 그런데 삼단노선주로 뽑혀 시켈리
아에 있던 아폴로도로스라는 아들을 두었는데, 그가 후에 나를
6 입양했습니다. 세 형제 가운데 유일한 생존자인 에우폴리스는 집
안 재산의 일부만 향유하는 데 만족하지 않고, 반은 아폴로도로
스의 몫인 므네손의 재산을 온통 자치하면서, 그 형제(메네손)가
자신을 후견인으로 하여 그것을 자신에게 준 것이라고 주장했습
니다. 그런데 그는 아폴로도로스에 관한 사안에서 후견권을 남용
7 하여 3탈란톤을 그에게 돌려주도록 유죄판결을 받았습니다. 내
할아버지 아르케다모스는 내 할머니인 아폴로도로스의 어머니

와 혼인한 다음부터 아폴로도로스가 모든 재산을 빼앗기는 것을 보고는 그를 자신과 그 어머니의 집으로 데리고 가서 아폴로도로스가 어른이 될 때까지 키웠습니다. 아폴로도로스가 성년이 되자 그를 도와 소송을 내어 므네손이 남긴 재산의 반과 에우폴리스가 후견인으로서 횡령했던 모든 것을 회복했습니다. 아르케다모스는 두 개의 소송에서 승소하여 아폴로도로스로 하여금 모든 재산을 회복하도록 했습니다. 그 결과 에우폴리스와 아폴로도로스는 8
언제나 서로 적대적인 반면, 내 할아버지와 아폴로도로스는 자연히 가깝게 지냈습니다. 아폴로도로스가 은혜를 받은 것에 대해서 시혜자에게 보답해야 하겠다고 생각했던 사실을 가장 잘 입증하는 것이 그 자신의 행적입니다. 내 할아버지가 불행을 당하여 전쟁포로가 되었을 때, 아폴로도로스는 그 몸값을 위해 기부하고 그가 필요한 액수를 모을 때까지 그를 위한 보증인이 되었습니다. 아르케다모스가 유복한 처지에서 궁핍한 상황으로 내몰리자, 9
아폴로도로스는 자신의 돈을 나누어주면서 그를 돌봐주었습니다. 또 그가 군역으로 코린토스로 떠나려 했을 때 만일 자신에게 무슨 일이 생길 것을 염려하여 유언장을 만들어서, 그 재산을 그 자신의 누이이자 내 어머니인 아르케다모스의 딸에게 넘기면서, 그녀가 지금 히에로판테스가 된 라크라티데스와 혼인하도록 주선했던 것입니다. 처음부터 그를 구해준 우리들에게 그가 한 것들은 이와 같습니다. 아폴로도로스가 에우폴리스에 대해 낸 두 10

번의 소송, 즉 하나는 그 후견권에 관한 것이고 다른 하나는 므네손의 재산 반분에 관한 재판에서 승소했으며 거기서 내 할아버지가 그를 지지하고 그를 위해 변론했다는 것, 아폴로도로스가 자신의 재산을 회복한 것은 우리의 도움 때문이며 그가 이런 우리의 호의에 대해 보답하려고 했다는 것 등, 내 진술이 사실임을 입증하기 위해서, 이 모든 사실들에 대한 증인을 대려고 합니다. 그들을 이곳으로 불러주십시오.

증인들

11 아폴로도로스가 우리로부터 받은 은혜는 이런 것이고 이만큼한 것입니다. 한편, 에우폴리스에 대한 그의 적의는 거액을 둘러싼 분쟁에서 비롯되었으므로, 그들이 서로 화해하여 친구가 되는 것은 불가능한 것이었습니다. 그들 적의에 대한 확실한 증거는 다음과 같습니다. 에우폴리스는 두 딸을 가지고 있었고 같은 조상을 두었고 아폴로도로스가 재물을 가지고 있는 것을 보면서도, 두 딸 중 아무도 아폴로도로스와 혼인하도록 내놓지 않았습니다.
12 혼인은 집안 간은 물론이고 일반 지인들 사이에서도, 사람들이 가장 귀중한 것을 서로 맡김으로써, 앙금을 지울 수 있는 방법으로 알려져 있는데도 말입니다. 에우폴리스가 자신의 딸을 아폴로도로소에게 혼인시키지 않은 것에 대해, 아니면 아폴로도로스가 그 딸을 받아들이지 않은 것에 대해 그 누가 비난을 받아야 할 것

인지는 차치하고, 이런 사실은 그들 간에 적의가 계속되었던 사실을 입증하는 것입니다.

이들 간의 분쟁에 관해서는 이만큼 언급한 것으로 족하다고 생 13
각합니다. 여러분 가운데 연세 있는 분들은 이들이 재판소에서 소송 당사자들이었음을 아실 것입니다. 이들 소송건의 중요성과 아르키다모스에 의해 큰 손실이 그에게 야기된 사실로 인해 알려지게 되었기 때문입니다. 여러분, 제가 여러분에게 부탁드리는 것은, 아폴로도로스가 생시에 나를 입양하고 그 재산권을 내게 주었으며, 집안(게네타이)과 형제단(프라토라이)에 나를 등록한 사실
에 유념해 달라는 것입니다. 아폴로도로스는 아들 하나가 있어 14
그를 키웠고, 당연한 일로 참으로 공을 들였습니다. 그는 이 아이가 살아있을 때는 그를 상속인으로 하려 했습니다. 그러나 그가 앓아누웠다가 작년 마이막테리온 달에 죽자, 아폴로도로스는 자신의 불행에 맥이 빠지고 노령의 나이를 걱정하여, 지난 날 그에게 은혜를 베풀어준 사람들을 잊어버리지 않았습니다. 그래서 그가 누구보다도 아꼈던 자신의 누이인 내 어머니에게 와서 나를 입양하겠다는 의사를 밝히며 허락해주도록 청했고 그 청은 수락
되었습니다. 그는 가능한 한 서둘러서 일을 처리하기로 마음먹고 15
바로 나를 자신의 집으로 데려와서는, 그 자신은 일을 처리할 수가 없고 내가 모든 것을 할 수 있다고 생각하여 모든 것을 내게 위임했습니다. 타르겔리아 축제[65]가 되자, 그는 제단으로 나를

데려가서 집안 사람(게네타이)와 형제단(프라토라이)에게 나를 소개했
16 습니다. 이들 집단의 규칙에 따르면, 사람이 자신의 아들이나 양
자를 소개할 때는 제물에 오른 손을 대고 그가 소개하는 아이가
적자이든 양자든 도시 여인aste의 소생이며, 적법한 혼인의 출생
이라는 사실을 맹서합니다. 그리고 소개한 사람이 이런 절차를
밟은 후에도 성원들이 투표를 합니다. 만일 그 투표 결과가 긍정
적이면 비로소 아이를 공식장부에 기록하게 되고 그 전에는 그렇
게 하지 못합니다. 이들의 권리는 이런 엄격한 과정을 거쳐 이루
17 어집니다. 법이 이와 같으므로, 형제단과 집안사람들은 아폴로도
로스를 신임하고 내가 그의 누이의 아들이라는 사실을 잘 알고
있었으므로 만장일치로 표결했으며, 아폴로도로스가 제물에 오
른 손을 대고 맹서한 다음 내 이름을 공공 장부에 기록했습니다.
이렇게 나는 그의 생시에 그 양자가 되었고, 내 이름은 아폴로도
로스의 아들 트라실로스로서 공공 장부에 등재되었습니다. 법에
따라 그에게 주어진 권한으로 그는 나를 이와 같이 입양했습니
다. 내가 진실을 말하고 있음을 입증하기 위하여, 증언을 들어주
십시오.

증언

18 여러분, 내 소송상대인과 같은 촌수의 친척 중 누가 그 행동에 의해 아폴로도로스가 바르고 합법적인 방법으로 입양했음을 확

실하게 입증한다면, 그 증인을 여러분이 신뢰할 것이라고 나는 믿습니다. 에우폴리스는 두 딸을 남겼는데, 한 명은 현재의 청구인이며 프로나페스의 아내이며, 다른 한 명은 루시아의 아에스키네스와 혼인했다가 죽고, 지금은 성인이 된 트라시불로스라는 아들 하나를 남겼습니다. 한 법률에 따르면, 같은 아버지를 가진 형 19
제가 자식 없이 죽고 또 유언을 남기지 않은 경우, 그 재산은 그의 살아있는 누이, 그리고 다른 누이에게서 난 그의 조카 사이에 동등하게 분배되도록 한다. 내 소송상대인은 이것을 잘 알고 있음이 그들의 실제 행동에서 드러납니다. 왜냐하면, 에우폴리스의 아들 아폴로도로스(II)가 자식 없이 죽었을 때, 트라시불로스가 그 재산의 반을 물려받았는데, 그것은 5탈란톤 상당을 상회합니다.
이렇게 법은 부친과 형제의 재산에 대해 이들(누이와 누이의 아들)이 20
같은 몫을 갖도록 하고 있습니다. 그러나 사촌 혹은 그보다 먼 친척의 재산에 있어서는 같은 몫을 가지지 못하고, 남성 친척이 여성에 비해 우선 상속권을 갖게 됩니다. 법에는 '같은 가계의 후손인 남성과 그 남성의 자식이, 촌수가 더 멀다고 해도, 우선권을 가진다' 고 되어 있습니다. 그러니 프로나페스의 아내는 재산의 몫에 대한 청구권이 전혀 없고, 만일 트라시불로스가 내 입양 사실을 무효라고 주장한다면 그가 전 재산을 가질 권리가 있습니
다. 트라시불로스는 처음부터 내 재산권을 문제 삼지 않았고, 지 21
금도 재산에 대한 권리 때문에 소송을 제기하지 않고, 모든 것이

제대로 되었음을 인정하고 있습니다. 반면, 이 여인을 위해 수작하는 이들은 무리하게도 전 재산을 요구하고 있습니다. 그들이 위반한 법의 조문을 들고 읽어주십시오.

법 조문

22 이 조문 하에 그 누이와 조카는 같은 몫으로 분배했습니다. 이 조문을 들고 여러분께 읽어주십시오.

법 조문

만일 사촌 혹은 그 자식들, 혹은 부계의 다른 친척이 없는 경우에는, 상속권이 모계로 넘어가며 법에 따라 우선순위가 주어집니다. 이 법을 들고 여러분께 읽어주십시오.

법 조문

23 법의 규정이 이와 같은데, 트라시불로스여, 남성 친척은 아무런 몫도 요구하지 않는데, 여성 친족인 이 여인을 위한 사람들은 전 재산을 요구하고 있으니, 몰염치한 것은 아무런 손해가 아니라고 생각하는 것이지요. 이런 목적으로, 전 재산이 그들에게 돌아와야 된다는 것을 입증하기 위해 그들은 트라시불로스가 히폴로키데스의 집안으로 입양되었다고 주장하기에 이르렀습니다. 그들은 이것이 사실이라고 말하나, 그로부터 도출하는 결론은 어

불성설입니다. 입양이 되었다고 해서 문제가 되는 친족관계에 어 24
떤 하자가 생기는 것입니까? 에우폴리스의 아들 아폴로도로스(II)의 재산 반을 받은 것은 부계 친족권이 아니라 모계 친족권이었기 때문입니다. 그리고 만일 그가 입양이 유효한 것이라고 생각하지 않는다면, 그 친족권에 근거하여 이 여인(즉 프로나페스의 아내인 현재 소송상대인)보다 우선 상속권을 주장할 수 있으므로, 지금 분
쟁 대상인 재산에 대한 청구권이 있습니다. 그러나 그는 그렇게 25
몰염치한 사람이 아닙니다. 한편, 다른 가문으로 입양되었다고 해서 아들이 그 어머니로부터 단절되는 것이 아닙니다. 그가 아버지의 집에 있건 거기서 다른 집안으로 입양되어 갔건 그녀는 변함없이 그의 어머니입니다. 그 때문에 트라시불로스는 아폴로도로스(II)의 재산에 대한 권한을 박탈당하지 않고, 이 여인과 몫을 나누어 반을 가졌던 것입니다.[66] 내가 진실을 말하고 있음을 입증하기 위해 이 사실에 대한 증인들을 불러주십시오.

증인들

이렇게 집안 사람(게네타이)과 형제단(프라토라이)이 내 입양사실을 26
증명할 뿐 아니라, 트라시불로스도 재산에 대해 청구권을 행사하지 않는 그 행적을 통해 아폴로도로스의 행한 바가 유효하며 합법적이라는 사실을 의심하지 않음을 보여줍니다. 그렇지 않았다면, 그가 그 많은 재산을 청구하지 않을 리가 없지요. 이런 사실

27 을 입증하는 또 다른 증인들이 있습니다. 피티아스 축제[67)]에서 내가 돌아오기 전에 아폴로도로스는 그 촌락(데모스)인들에게 나를 입양했고 친족syngeneis과 형제단으로 등록했으며, 그의 재산을 내게 위임했다고 말했습니다. 그리고 그들에게 부탁하기를, 내가 돌아오기 전에 그에게 변고가 생기면, 나를 아폴로도로스의 아들 트라실로스로스 공공장부에 기재하고 어긋남이 없도록 했습니
28 다. 아폴로도로스의 뜻을 전해 듣고는, 우리의 소송상대인은 관리를 선출하는 모임에서 불평을 하면서 아폴로도로스는 나를 입양하지 않았다고 주장했으나, 사람들은 들은 것이 있고 또 자신이 알고 있는 사실에 의해 제물에 맹서를 하고 아폴로도로스가 부탁한 대로 내 이름을 등재했습니다. 내 말이 진실임을 입증하기 위해 이 사실에 대한 증인을 불러주십시오.

증인

29 여러분, 이 증인들 앞에서 내 입양이 이루어졌고, 당시 아폴로도로스와 내 소송상대인 간에는 뿌리 깊은 적의가 존재한 반면 아폴로도로스와 우리 사이는 아주 친밀했습니다. 그런데, 내 생각에, 아폴로도로스가 이런 감정들, 즉 내 소송상대인에 대한 적의와 우리를 향한 애정을 가지고 않았다 해도, 자신의 재산을 그들에게 유증하지는 않았을 것이라는 점을 여러분에게 입증하는
30 것은 아주 쉬운 일입니다. 모든 사람이 임종이 가까워지면 자신

을 위하여, 집안의 대가 끊이지 않도록 하고 또 자신들에게 제물을 바치고 관습에 따른 제사를 지내줄 수 있도록 방법을 강구하게 됩니다. 그러면, 자식 없이 죽는 경우에도 양자를 들임으로써 후사를 잇습니다. 이렇게 하는 데는 개인적인 기호 뿐 아니라, 공적으로 도시 공동체도 그런 것을 권장합니다. 법으로 관리에게 집안의 대가 끊이지 않도록 집안을 돌보는 의무를 부과하고 있기
때문입니다. 아풀로도로스가 분명히 알고 있었던 것은, 만일 자 31
신의 재산을 내 소송상대인들에게 남긴다면 그들이 집안을 몰락하게 할 것이라는 것이었습니다. 그가 본 것은 무엇이었을까요? 이들 아폴로도로스(II)의 누이들이 그 형제의 재산을 물려받았으나, 자신의 아들들이 있으면서도 아폴로도로스(II)에게 한 명도 입양시키지 않았던 고, 또 아폴로도로스가 남긴 토지 및 5탈란톤에 달하는 재산을 그 누이들의 남편들이 팔아서 돈을 나누어가지는
가운데, 그의 집은 누추하게 몰락한 사실입니다. 그들의 형제가 32
이런 지경에 처한 것을 보면서, 그와 그들 사이에 우의가 있다고 한들, 그들의 형제도 아니고 사촌에 불과한 그가 그들로부터 제사를 받을 수 있다고 기대했을까요? 그런 기대를 할 수 없었던 것이 확실합니다. 내 소송상대인들이 자식 없는 그들의 형제를 돌보지 않았고 그 재물을 차지했으며, 분명히 삼단노선을 제공할 수 있는 가구를 몰락하게 한 사실을 입증할 수 있는 증인들을 불러주십시오.

증인들

33 이들의 사이의 감정이 이런 지경에 있었고 나를 입양한 아폴
로도로스에 대한 적의가 충천했으므로, 그가 행한 것을 그대로
계속하는 것 이외에 어떻게 더 낫게 할 수 있었겠습니까? 제우스
의 이름을 걸고, 아폴로도로스가 자신의 친구 가족 가운데 한 아
이를 택하여 재산을 물려주었더라면 더 나았을까요? 그렇지만,
아이의 친부모들도 아직 아이가 나이 어리므로, 그 아이가 좋은
34 사람이 될지 용열한 사람이 될지를 알 수가 없겠지요. 그런데,
그는 나를 충분히 시험을 해보면서 알고 있었습니다. 내가 어떻
게 내 부모를 대하고, 내 친척들을 돌보며 스스로 처신하는 것
등을 잘 알고 있었습니다. 내가 테스모테테스(법무관) 직에 있었을
때 부정하거나 욕심을 부리지 않았음도 잘 알고 있었습니다. 그
가 나에게 자신의 재산을 맡긴 것은 무턱대고 한 것이 아니라 통
35 찰력을 가지고 한 것입니다. 더구나 나는 다른 이 아닌 그 조카입
니다. 우리가 그를 위해 베푼 공덕은 적은 것이 아니라 컸습니다.
그는 내 소송상대인들이 그의 재산에 대해 한 것같이 있는 재물
을 낭비하는 그런 자긍심 없는 사람이 아니라, 꼭 그 자신처럼,
삼단노선주로서 활약하고 후원자가 되며, 여러분을 위해 온갖
36 봉사를 하려는 것을 알고 있었습니다. 나는 그의 친척, 친구이며
그에 대한 시혜자, 자긍심을 가진 사람이며 그와 같은 사람으로
인정을 받았는데, 내 입양 사실이 건전한 정신을 가진 사람의 행

위가 아니라고 말을 할 수 있겠습니까? 실로, 나는 그의 마음을 살만한 일 가운데 하나를 해냈습니다. 올해 프로메테우스 축제에서 훈련대장(김나시아르코스)[68]으로서, 내 동료 부족인 모두가 인정할 만큼 명예롭게 봉사한 것입니다. 내가 진실을 말하고 있음을 입증하기 위해 이 사실을 알고 있는 증인들을 불러주십시오.

증인들

여러분, 이런 것들이 우리가 재산에 대한 권한이 있음을 주장 37
하는 근거입니다. 그리고 아폴로도로스와 그의 아버지를 위해서 우리를 도와주시기 바랍니다. 그들이 무익한 시민들이 아니며 여
러분을 위해 힘닿는 대로 봉사했음을 아시게 될 것입니다. 그의 38
아버지는 다른 온갖 공적 임무(레이투르기아)를 수행했을 뿐 아니라 계속 삼단노선주로 봉사했습니다. 그것도 요즈음 흔히 하듯이 여러 사람과 공동으로 한 것이 아니라 자신의 재산으로 공동이 아니라 혼자서 부담했던 것입니다. 2년[69] 동안 그 임무 수행을 중단하지 않고 계속했으며, 겉치레가 아니라 가장 완벽한 장비를 갖추어 했습니다. 그래서 이런 봉사를 감안하여 여러분은 그를 존경했고, 그의 아들이 재산을 빼앗겼을 때 그 재산을 차지하고 있
는 사람들에게서 그것을 받아냄으로써 그를 도왔던 것입니다. 또 39
아폴로도로스는 프로나페스가 한 것 같이 자신의 재산을 줄여서 신고하지 않았고, 기사 계층으로서의 세금을 지불하면서 그 계층

에 주어지는 공직을 수행하려 했습니다. 또 그는 나의 재산을 강
제로 차지하지 않았고 여러분이 그 재산으로부터 아무런 이득을
얻을 것이 없다는 생각도 하지 않았습니다. 반대로 그는 그 재산
액을 공개하고 여러분이 그에게 요구하는 어떤 봉사도 마다하지
않았고 아무도 해침이 없이 자신이 가진 재산으로 명예롭게 살아
가면서 사비를 적절하게 쓰는 한편 나머지를 도시를 위해 그 비
40 용에 충당할 수 있도록 제공했습니다. 이러함에 어떤 공적 임무
를 완수하지 못한 것이 있습니까? 어떤 세금을 처음으로 납부하
지 않은 적이 있습니까? 주어진 임무를 소홀히 한 것이 있습니까?
그가 소년들의 코로스(무창단) 후원을 맡았을 때, 그 경연대회에서
승리했고, 저 고명한 삼각대가 그 긍지의 기념비로 아직 서있습
니다. 명예로운 시민의 임무가 무엇입니까? 다른 사람들이 강제
로 제 것도 아닌 것을 빼앗으려 할 때 스스로는 그런 짓을 하지
않고 자신의 것을 지키려 하는 것이 그의 할 일이 아니겠습니까?
41 아폴로도로스는 그런 사람이었습니다. 자신의 재산을 지키려는
그의 뜻을 지지해준다면, 여러분은 그의 봉사에 정당한 보답을
하는 것이 됩니다. 나로서도, 지금까지 살아오면서, 나쁜 사람도
무용한 사라도 아니라는 것을 아시게 될 것입니다. 나는 도시의
군사원정에 봉사했고, 내게 주어지는 것을 수행했습니다. 이런
42 것이 내 나이 또래 사람들이 하는 것이기 때문입니다. 그러니 아
폴로도로스와 그 아버지, 그리고 나와 내 집안을 위해서, 여러분

은 지혜롭게 헤아려주십시오. 특히 우리의 소송상대인은 삼단노선을 제공했던 5탈란톤의 재산을 빼앗고 팔아서 피폐하게 했으나, 우리는 이미 공공임무를 수행했고 앞으로도 그렇게 할 것입니다. 여러분이 아폴로도로스의 뜻을 받들어 그 재산을 우리에게 돌려준다면 말입니다.

이런 사실들에 대해 내가 더 이상 장황하게 늘어놓는 것같이 43
보이지 않기 위해서, 나는 여러분 앞에 양측 각각이 주장하는 요점에 대해 간단하게 상기시킨 다음 내려가렵니다. 내 어머니는 아폴로도로스의 누이로서, 한 번도 싸운 적이 없이 아주 가까이 지냈습니다. 나는, 그의 조카로서 그 생시에 그리고 그가 온전한 정신을 가지고 있을 때, 그에 의해 그 아들로 입양되어, 집안(게네타이)과 형제단(프라타라이)의 성원으로 등록되었으므로, 그가 내게 준 재산에 대해 청구하며, 내 소송상대인이 그의 집안을 파멸시키지 못하도록 해줄 것을 요구합니다. 프로나페스가 청구인을 44
위해 무엇을 요구합니까? 그는 2.5탈란톤에 달하는 그 아내의 형제(아폴로도로스 I)의 재산을 요구하고 있고, 아내보다 망자에게 더 가까운 다른 친척이 있는데도 자신이 이것을 받아야 한다고 주장하고 있습니다. 그러나 프로나페스는 자신의 아들을 아폴로도로스에게 사후 양자로 들인 적이 없고 그 집안을 이렇듯 피폐하게 만들었습니다. 이들은 아주 사이가 나빴으며 그 후에도 화해를 한 적이 없는데도, 그는 이와 같은 주장을 하고 있는 것입니

45 다. 여러분, 여러분은 이런 사실들을 감안하시고, 또 나는 망자의 조카이나 원고는 그의 사촌이라는 사실에 유념하셔야 하겠습니다. 그리고 고소인은 두 가지 재산을 요구하나, 나는 양자로서의 권리를 갖는 한 가지를 요구합니다. 고소인인 그녀는 재산을 남긴 그와 사이가 좋지 못했으나, 나와 내 할아버지는 그에게 은혜를 베풀었습니다. 이 모든 점을 고려하시고 그들을 평가하셔서 정의로운 판결을 내려주십시오.

나는 이 이상으로 무슨 말을 더 해야 할 지 모르겠습니다. 내가 말한 것중 여러분이 이해하지 못한 것은 없는 것으로 생각되기 때문입니다.

Ⅷ

키론의 재산에 관하여

사건개요

키론은 자식 없이 죽었다. 그 재산에 대해 이 변론의 화자인 손자, 그리고 키론의 한 조카가 서로 상속권을 주장한다. 피상속인 키론은 두 번 혼인했다. 첫 번째 혼인에서 딸 하나가 났는데, 이

〈가계도〉

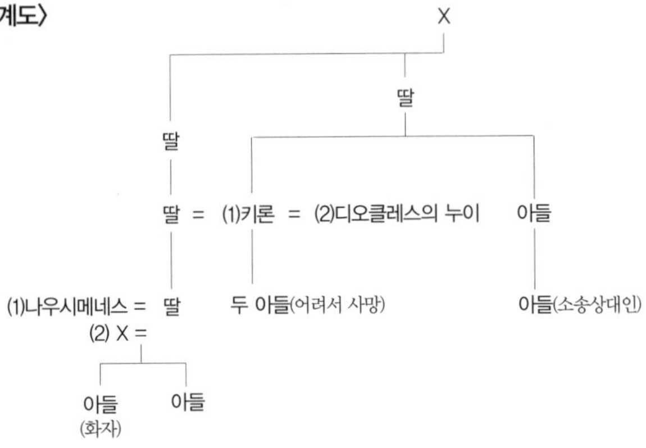

딸도 두 번 혼인하여, 두 번째 혼인에서 아들을 얻었고, 그 중 한 사람이 이 변론의 화자이다. 한편, 키론은 두 번째 결혼에서 두 아들을 얻었는데, 이들은 둘 다 어려서 죽었다.

그의 소송상대인은 화자에게 두 가지 문제점을 지적한다. 화자의 어머니가 키론의 합법적 딸이 아니라는 것, 그리고 합법적 딸이 맞다 해도, 법에 따르면 남아의 자손(피상속인의 형제의 자식, 즉 조카)이 여아의 자식(외손자, 즉 딸의 자식)보다 우선권을 갖는다는 것이었다.

이에 대해 화자는 자신의 어머니가 적법한 딸이라고 주장하고, 그 사실을 알고 있는 그 집안의 하인을 심문하도록 요구했지만 소송상대인이 이 요구를 거절했다고 주장한다. 나아가 화자는 남녀를 불문하고 직계(자식, 손자 등)가 방계(형제, 조카)보다 더 우선권을 갖는 것이라고 반박한다.

이어서 화자는 키론의 두 번째 아내의 형제인 플리아 출신 디오클레스를 비난한다. 화자에 따르면, 디오클레스가 이런 소송을 내도록 사주했으며, 그 자신은 흉악한 범죄자, 이기적 인간인 것으로 화자는 그 사례를 소개한다. 이 변론은 기원전 383~363년의 것이다.

논점

키론이 적자 없이 죽었을 때, 그의 조카, 즉 그의 형제의 아들이 그 재산을 요구했고 그 미망인으로부터 재산을 가로챘다. 그 후 이 변론문의 화자話者가 그 조카를 고발하면서, 자신이 키론의 딸의 아들이며, 망자의 아내가 그 조카에게 고의로 재산을 조카에게 넘겼는데, 그 이유는 일부를 그에게 주고 나머지는 자신이 차지하려 했던 것이라고 주장했다. 주제는 이와 같고, 분쟁은 사실 여부에 관한 것이다. 즉 권리 청구인이 키론의 외손자가 맞는지 아닌지 하는 것이다. 그 외에도 자격의 문제가 연관되어 있다. 조카의 주장에 따르면, 그의 소송상대인의 어머니가 키론의 합법적 딸이라는 사실을 인정한다 하더라도, 그녀가 죽었고 권리를 주장하는 사람이 그녀의 아들이므로, 남성의 후손이 여성의 후손에 우선한다는 법에 따라, 형제의 아들인 조카가 딸의 아들보다 우선권을 가진다고 한다. 화자는 아주 교묘하게 이 법을 완전히 무시하고 부모들의 차이점에 근거하여 자기 주장을 편다. 즉 형제보다 딸이 망자에게 더 가까우므로, 그녀의 아들이 형제의 아들보다 더 우선한다는 것이다. 이것은 권리 면에서 보면 유효하나 법적 면에서 보면 약하다. 이사이오스는 문제점들을 능숙한 솜씨로 다룬다.

본문

여러분, 무례하게 남의 재산을 요구할 뿐만 아니라 법이 부여 1
하는 권한을 자신의 입장만 생각하고 폐기하려는 사람들에게는
분노를 느끼지 않을 수가 없습니다. 우리의 소송상대인이 지금
하려고 하는 것이 바로 이런 것입니다. 우리 할아버지 키론는 후
손 없이 죽은 것이 아니라 우리들, 즉 합법적 딸의 아들들을 남겼
습니다 그런데 우리 소송상대인은 근친으로서 재산을 요구하고,
우리가 키론의 딸의 자식이 아니며 키론은 딸을 가진 적이 없다
고 하면서 우리를 모독하고 있습니다. 그들이 이렇게 주장하는 2
이유는 욕심 때문이며, 키론이 남긴 것이며 그들이 힘으로 빼앗
아가서 아직 차지하고 있는 재물이 많기 때문입니다. 그리고 그
들은 외람되게도 키론이 아무런 재산을 남기지 않았다고 하면서
도 동시에 그 재산에 대한 권리를 주장합니다. 나의 실제 상대는 3
재산 상속에 관한 이 소송을 제기한 사람이 아니라 오레스테스라
고 불리는 플리아의 디오클레스입니다. 우리 할아버지 키론이 죽
으면서 우리에게 남긴 재산을 빼앗고, 이런 위험으로 몰아넣음으
로써 우리를 곤경에 처하도록 우리 소송상대인을 사주한 것은 바
로 그 자입니다. 그것은 만일 여러분이 그 말을 듣고 호도된다면
아무 것도 돌려주지 않기 위한 것입니다. 그들의 계략이 이러하 4
므로, 여러분은 그들을 잘 알고 판결을 내려야 하겠습니다. 여러

분이 다른 소송에서 주의를 기울여 경청한 적이 있다면, 나는 여
러분에게 이 소송사건에서도, 정의롭게, 그와 같은 주의를 기울
여 주시기를 부탁드립니다. 도시에서 많은 재판이 있었으나, 내
소송상대인보다 더 방자하게 남의 재산을 요구한 사람들은 아무
5 도 없었던 것으로 보입니다. 그러니, 여러분, 법정에 대한 경험이
없는 사람이, 이렇듯 중요한 이해관계를 걸고, 날조된 이야기와
거짓 증인들을 상대해야 한다는 것은 난감한 일입니다. 그러나
나는 여러분에 의해 내 권리를 찾으며, 적어도 그 권리가 어떤 것
인지에 대해서는 나 자신이 충분히 말씀드릴 수 있다는 데 대해
크게 낙관하고 있습니다. 지금 내가 당하기를 기다리는 그런 사
태가 발생하지 않는다면 말입니다.[70] 그러니, 여러분, 호의를 베
풀어 내 말을 경청하시고, 내가 부당한 처지에 있는 것으로 보이
면, 내 권리를 찾도록 나를 도와주십시오.
6 먼저, 내 어머니가 키론의 합법적 딸이었음을 증명하겠습니다.
오래 전에 일어난 사실에 관해서는 나는 증인에 의해 들은 보고
에 근거하며, 기억할 수 있는 사실들은 사실을 알고 있는 증인들
과 함께 어떤 증언보다 확실한 증거들을 대겠습니다. 이런 점을
확실하게 증명한 다음, 나는 키론의 재산에 대해 우리가 우리의
소송상대인보다 우선 상속권을 가지고 있음을 보여드리겠습니
다. 우리 소송상대인이 이 사건을 시작한 근거에서 부터 나도 여
러분에게 말씀을 드리도록 하겠습니다.

여러분, 내 할아버지는 그 사촌, 즉 그 이모의 딸인 내 어머니 7
와 혼인했습니다. 그런데 그의 이모는 오래 살지 못했습니다. 그
의 이모는 내 어머니를 낳은 지 4년 후에 죽었습니다. 딸 하나 밖
에 없었던 내 할아버지는 디오클레스의 누이와 재혼했고, 그녀는
두 아들을 낳았습니다. 그는 그 아내와 그녀가 낳은 아이들과 함
께 집안에서 딸을 키웠습니다. 그리고 아내와 그 자식들이 살아 8
있을 때, 딸이 성인이 되자 옷가지와 보석을 포함하여 25므나의
지참금을 딸려서 콜라르고스의 나우시메네스에게 출가시켰습니
다. 그런데 3~4년 뒤에 내 어머니에게서 얻은 자식 없이 나오시
메네스가 병이 들어 죽었습니다. 그러자 내 할아버지는 그 딸을
다시 돌아오게 했습니다만, 나우시메네스의 처지가 곤혹스러워
자신이 내준 지참금을 돌려받지 않았습니다. 그런 다음 1천 드라
크마의 지참금으로 그녀를 내 아버지에게 재혼시켰던 것입니다.
이 모든 것들이 우리 소송상대인이 말하는 것과 반대로 일어났던 9
사실임을 어떻게 분명하게 증명할 수 있겠습니까? 나는 한 가지
방법을 찾았습니다. 내 어머니가 키론의 딸인지 아닌지, 또 그의
집에서 살았는지 안 살았는지, 그가 두 번에 걸쳐 그녀의 결혼을
위해 잔치를 했는지 안 했는지, 그녀의 남편들 각각이 그녀와 함
께 어떤 지참금을 받았는지, 이 모든 것을 키론에게 속한 하인과
하녀들이 알고 있음에 틀림없습니다. 그러니, 내가 이미 제시한 10
증거 이외에도 이런 사실에 대한 증거를 고문에 의해 얻어내어,

제시된 것들과 관련하여 앞으로 검증할 것이 아니라 이미 검증된 것에 대해 여러분이 믿음을 가질 수 있도록, 내 소송상대인이 여성 및 남성 하인을 내놓고 이런 사실이나 그 밖의 점들에 관해 그
11 들이 알고 있는 것에 대해 심문이 이루어져야 한다고 봅니다. 그러나 내 소송상대인은, 곧 자신이 제시할 증거를 여러분이 믿어달라고 할 것이지만, 하인들을 고문하도록 하지 않습니다. 만일 그가 내 청을 거절하게 된다면, 그가 제시하는 증거가 거짓 이외에 더 있을 것이 뭐가 있겠습니까? 그 증거들을 검증할 수 있는 결정적인 방법을 그가 거부하고 있으니까요. 내가 보기에 다르게 결론 내리는 것은 불가능한 것 같습니다. 내 말이 진실임을 입증하기 위해 이 증언을 들고 읽어주십시오.

증언

12 여러분은 공사를 불문하고 고문이 가장 정확한 검증방법이라는 것을 알고 계시지요. 여러분은 하인과 자유인 있고 분쟁점이 밝혀져야 할 필요가 있을 때, 자유인의 증거를 택하지 않고, 하인을 고문에 부침으로써 사실에 대한 내막을 알아내려고 하지요. 이런 것은 아주 당연한 것입니다. 지금까지 출석한 증인들은 진실한 증거를 제시하는 것 같지 않으나, 고문을 받는 사람들은 아무도 그 고문을 거침으로써 진실이 아닌 말을 한 것으로 드러난
13 사람이 없다는 것을 여러분은 알고 계시지요. 가장 뻔뻔한 사람

인 내 소송상대인은, 증거를 얻을 수 있는 아주 확실한 방법을 하면서도, 꾸며낸 이야기와 거짓 증인들을 여러분이 믿어달라고 요구하는 것일까요? 우리는 그렇지 않습니다. 우리는 증거가 제시되는 그런 점들에 관해 먼저 고문을 하자고 하고, 내 소송상대인은 이것을 거부하므로, 우리는 여러분이 우리 측의 증거를 믿어야 한다고 생각합니다. 이제 이 증언들을 들고 여러분에게 읽어주십시오.

증언들

14 먼 과거의 일을 누가 잘 알겠습니까? 분명히 내 할아버지와 가까웠던 사람들입니다. 그들은 들은 이야기를 증거로 제시했습니다. 내 어머니가 혼인한 사실에 대해 부가 알고 있겠습니까? 그녀를 혼인하게 하고, 또 혼인할 때 임석한 사람들입니다. 그래서 나우시메네스와 내 아버지의 친척들이 증언을 했습니다. 내 어머니가 키론의 집에서 양육되었으며, 그의 합법적 딸이었음을 누가 가장 잘 알겠습니까? 지금의 소송상대인은 하인을 고문하는 데 반대하는 그 행위 자체로 인해, 이런 사실이 진실임을 분명하게 증명하고 있습니다. 그러니, 여러분은 정작 우리가 제시하는 증거보다 오히려 그들의 것을 믿지 않아야 한다고 우리는 생각합니다.

15 그 외에도, 우리가 키론의 딸의 소생이라는 사실을 입증하기

위해 또 다른 증거를 댈 수 있습니다. 키론은 우리가 자신의 딸의 자식이라는 것을 알므로, 당연히 우리 없이는 절대로 제사를 지내지 않았기 때문입니다. 대소大小 간에 제사를 지낼 때는 우리는 언제나 그곳에 있었고 제식에 참여했습니다. 제식에 초대되었을 뿐 아니라 그는 언제나 디오니시아 제전을 위해 우리를 야외로
16 데려갔고, 그 옆에 앉아서 함께 구경을 했으며, 모든 잔치를 그와 함께 치렀습니다. 그는 제우스 크테시우스에게 제사 지냈는데, 그는 이것을 아주 중요하게 여겨서 하인은 물론이고 자유인도 집안 사람이 아니면 받아들이지 않았고 자신이 직접 의식을 주관했습니다. 그런데 우리는 이 제사에 참가하여 제물 위에 그와 함께 우리 손을 얹었으며, 그와 나란히 제물을 바쳤습니다. 우리는 다른 모든 제사에도 참여했고 그는 우리에게 건강과 부를 기원했습
17 니다. 우리의 할아버지로서 당연히 그러하듯이 말입니다. 그가 우리를 자신의 외손자로, 그리고 유일하게 생존한 자신의 후손으로 여기지 않았다면, 이런 행위를 하지 않았을 것이고 그 대신, 지금 그의 조카라고 주장하고 있는 우리의 소송상대인을 그 옆에 있었을 것입니다. 이런 점들에 관해 내가 진실을 말하고 있음은 내 할아버지의 하인들이 잘 알고 있으며 내 소송상대인은 그들을 심문하도록 내주지 않고 있습니다. 같은 사실을 할아버지의 일부 친구들도 잘 알고 있는 터라, 나는 그들을 증인으로 대겠습니다. 그 증언을 듣고 읽어주십시오.

증언들

이제 우리 어머니가 키론의 합법적 딸이었음이 분명하게 드러 18
난 것은 이런 증거에 의한 것뿐이 아닙니다. 우리 아버지의 행위는 물론 그녀에 대한 동료 촌락사람들(데모타이)의 아내들의 행동에서도 그러납니다. 우리 아버지가 그녀를 출가시켰을 때 혼례를 치르고 친척은 물론 친구 세 명을 초대했으며, 또 그들 자신의 법
에 따라 형제단들에게도 잔치를 베풀었습니다. 촌락인(데모타이)들 19
의 아내들은 그 후에도 우리 어머니를 뽑아서 피토스 출신 디오클레스의 아내와 함께 테스모포리아 축제를 주관하도록 하고 그녀와 함께 의식을 거행하도록 했습니다. 또 우리 아버지는 우리가 태어나자 그 형제단에게 우리를 소개했고, 기존 법에 따라 자신이 시민이며 정식계약에 의한 여인의 소생임을 맹서했습니다. 그리고 형제단들은 많은 수가 참석해 있었고 언제나 그런 사안은 신중하게 검토하곤 하지만, 그 들 가운데 아무도 그의 말에 반대
하거나 항의하는 사람이 없었습니다. 우리 어머니가 우리 소송상 20
대인이 주장하는 것처럼 그런 여인이었다면, 우리 아버지가 그런 사실을 불문에 부치지 않고 예식을 치르거나 잔치를 베풀었을 것이라고, 혹은 다른 촌락인의 아내들이 다른 어떤 여인에게 그 직책을 주지 않고, 내 어머니를 뽑아서 디오클레스의 아내와 함께 축제를 거행하도록 하고 신성한 제물을 그녀의 손에 넘겼을 것이라고 여러분은 절대 생각하지 마십시오. 혹은 우리 어머니가 키

론의 합법적 딸이라는 것이 일반적으로 인정되지 않았더라면, 형제단이 항의를 하면서 제동을 걸지 않고 우리를 받아들였을 것이라고도 생각하지 마십시오. 사실이 널리 알려져 있었고 많은 사람들에 의해 인정되고 있었으므로, 누구에 의해서도 사실에 대한 의문은 제기될 수가 없습니다. 내가 진실을 말하고 있음을 입증하기 위해 증인들을 불러주십시오.

증인들

21 더구나, 여러분, 우리 할아버지가 죽었을 당시 디오클레스의 행동을 보면, 우리가 키론의 외손자로 인정받고 있었음을 쉽게 알 수 있습니다. 나는 내 친척 중 한 사람, 내 아버지의 사촌과 동행한 가운데 내 집에서 나와서 시신을 옮겨 장례를 치르려고 갔습니다. 그 때 디오클레스는 집 안에 없었고 내가 들어가서 관을
22 들고 가서 시신을 옮길 준비를 했습니다. 그런데 할아버지의 미망인이 그 집에 할아버지를 묻어주도록 부탁하고 시신을 안치하고 덮는 것을 그녀가 도와주겠다고 하면서 애원하고 통곡했습니다. 그래서 내가 그녀의 부탁을 받아들여서 내 소송상대인의 집으로 가서는 증인들이 출석한 가운데, 디오클레스의 누이가 내게 부탁을 하므로 내가 망자의 집에서 무덤을 만드려고 한다고 말했
23 습니다. 디오클레스는 이 말을 듣더니 아무 반대 없이, 장례에 필요한 물건들을 이미 사 두었고 그 나머지도 선금을 미리 주었으

니, 내가 그에게 그 값을 지불하도록 요구하면서, 그가 구입한 물건 값을 받고 또 그가 선불했다고 주장하는 물건에 대한 선금 받은 그 사람을 소개해주기로 했습니다. 바로 그 후로 그는 키론이 아무 것도 남겨주지 않았다고 간간이 말했고, 나는 그런 재물에 대해서 한마디도 한 것이 없습니다. 그런데, 내가 키론의 외손자 24
가 아니었다면 그는 이렇게 말하지 않고 다음과 같이 말했을 것입니다. "당신은 누구요? 무슨 권한으로 당신이 장례를 치른단 말이오? 나는 당신을 모르오. 당신은 이 집에 들어오지 마시오" 라고. 그는 이런 말을, 그리고 지금 다른 이들에게 말하도록 사주하고 있는 그런 말을 했어야 하지요. 그런데도, 그는 그런 말은 하지 않고, 그저 이튿날 돈을 달라고만 했습니다. 내 말이 진실임을 입증하기 위해 증인들을 불러주십시오.

증인들

25 그 때 항의를 하지 않은 것은 디오클레스 만이 아닙니다. 지금 디오클레스의 사주를 받아 재산권을 요구하고 있는 이 소송상대인도 그랬습니다. 디오클레스가 내가 가져간 돈을 받기를 거부하면서, 내 소송상대인으로부터 돈을 이미 받았다고 그가 그 다음 날 주장을 했으나, 나는 장례식에 참석하고 모든 의식에 동참하는 데 아무런 방해를 받지 않았습니다. 그리고 장례 비용은 내 소송상대인이나 디오클레스가 아니라 망자의 재산에서 지불된 것

26 입니다. 키론이 정말 내 외할아버지가 아니었다면, 내 소송상대인은 나를 거부하고 쫓아내고 장례에 참석하지 못하도록 해야 했을 것입니다. 내 입장은 그와는 사뭇 달랐기 때문입니다. 나는 그를 내 할아버지의 조카로서 모든 의식에 동참하도록 허락했으나, 만일 그들이 지금에 와서 감히 말하는 것이 사실이라면 그는 나
27 에게 절대로 동참하도록 해서는 안 되는 것이었습니다. 그러나 그는 진실을 알고 있으므로 위축되어, 무덤 앞에서 내가 말을 하면서 재산을 장악하고 있는 것 때문에, 또 재산상속 문제로 그를 사주하고 있는 것에 대해 디오클레스를 비난했을 때, 지금 그가 뻔뻔하게 주장하고 있는 사실에 관련해서는 찍 소리나 말 한마디 하지 못했습니다. 내 가 진실을 말하고 있음을 입증하기 위해 이 사실에 관한 증인들을 불러주십시오.

증인들

28 무엇이 여러분들로 하여금 들은 말을 믿도록 하는 것입니까? 그것은 증거가 아니겠습니까? 나는 그렇다고 생각합니다. 그러나 여러분들로 하여금 증인들을 믿도록 하는 것은 무엇입니까? 그것은 고문에 의한 것이 아닙니까? 당연한 것입니다. 그러면, 무엇이 여러분들로 하여금 내 소송상대인의 말을 믿지 못하도록 하는 것입니까? 그것은 그들이 사건을 검증받으려 하지 않는 것입니다. 이것은 불가피한 사리입니다. 내 어머니가 키론의 딸이었음을 누

구라도 내가 하고 있는 방법보다 어떻게 더 분명하게 증명할 수 있겠습니까? 저 먼 과거의 사실들에 대해서 나는 증인들이 맹서 29
를 통해 제시한 구전의 증거를 제시했습니다. 반면, 살아있는 증인들이 있는 것들은, 나는 사실들을 알고 있는 사람들, 즉 내 어머니가 키론의 집에서 양육되었고, 그의 딸로 간주되었으며, 두 번 약혼했고 두 번 혼인했음을 아주 잘 알고 있는 이들을 증인으로 댔습니다. 더구나 나는 이런 모든 점에 대해 내 소송상대인이 모든 사실을 알고 있는 하인을 고문하도록 내주려 하지 않음을 증명했습니다. 올림포스의 신들의 이름을 걸고, 나는 이런 것들보다 더 뚜렷한 증거를 댈 수가 없으며, 내가 댄 증거들로서 충분하다고 생각합니다.

여기서, 키론의 재산은 내 소송상대인보다 내게 속한다는 점을 30
지금 여러분에게 증명하겠습니다. 키론과 같은 가계의 후손은 키론 자신의 후손보다 상속권 서열에서 더 가깝지 않다는 것은 자명하다는 점을 여러분은 인정하리라고 나는 믿습니다. 전자는 망자의 방계 친족이며, 후자는 직계인데, 어떻게 방계가 더 가깝겠습니까? 그러나 사실이 그런데도, 그들은 뻔뻔하게도 내 권리를 문제 삼기 때문에, 우리는 실제 법에 근거하여 상세하게 요점을 말씀드리겠습니다. 내 어머니인 키론의 딸이 아직 살아있고 그녀 31
의 아버지가 유언 없이 죽었으며, 내 소송상대인이 그 조카가 아니라 형제라고 가정한다면, 내 소송상대인은 키론의 딸에 대해 혼인의 권한을 요구할 수 있으나, 그 재산을 요구할 수는 없습니다. 그 재산은 그 혼인에서 난 자식이 성인이 되고 2년이 지나면 그들에게 넘어가게 됩니다. 법에 그렇게 규정되어 있기 때문입니다. 그러니 그녀가 살아있다면, 내 소송상대인이 아니라 그 아이들이 그녀가 가진 재산의 주인이 되는 것이므로, 그녀가 죽고 그녀의 자식인 우리(즉 내 형제와 나 자신)를 남겼으므로 상속권은 우리의 소송상대인이 아니라 우리에게 속한 것이 명백합니다.

32 이런 것은 이 법뿐 아니라 부모 학대에 관한 법에서도 분명히 나타납니다. 내 할아버지가 살아있고 생필품 부족으로 시달리면 내 소송상대인이 아니라 우리가 학대 죄로 추궁당하게 됩니다. 법에 따르면 우리가 우리 부모를 부양하도록 되어 있는데, 부모라 함은 아버지, 어머니, 할아버지와 할머니, 나아가 혹 살아 있다면 그들의 아버지와 어머니를 뜻합니다. 그들은 가족의 시조이며, 그 재산은 그 후손에게로 상속되기 때문입니다. 그리고 후손들은 보모가 무렬줄 것이 없다해도 그들을 부양하도록 되어 있습니다. 부모가 물려줄 것이 없을 때는 우리가 학대죄로 추궁당할 가능성이 있고, 부모가 물려줄 것이 있으면 우리가 아니고 내 소송상대인이 상속인이 되는 것이 어떻게 올바른 것이겠습니까? 그것은 정말로 바른 것이 아닙니다.

33 나는 가장 가까운 방계친족(신게네이스)에 대해 말하고 또 집안사람(게노스) 각각에 대해 여러분에게 묻겠습니다. 그러면 여러분이

더 쉽게 이해하실 것이기 때문입니다. 키론에게 더 가까운 친족(게노스)은 그 딸입니까, 아니면 그 형제입니까? 분명히 그 딸입니다. 딸은 그 자신의 소생이나 그 형제는 같은 (집안의) 소생이기 때문입니다. 그러면, 딸의 자식이 더 가깝습니까? 형제가 더 가깝습니까? 분명히 딸의 자식들입니다. 자식은 같은 집안(게노스)으로 방계친족(신게네이스)이 아니기 때문입니다. 그러니 만일 우리의 권 34
리가 형제의 것보다 더 우위에 있는 것이라면, 우리는 조카에 불과한 우리의 소송상대인보다 한층 더 유리합니다. 혹 너무나 널리 알려진 사실을 중언부언하는 것이 진부해보일까 봐 나는 걱정이 됩니다. 여러분은 모두 아버지, 할아버지, 더 먼 조상들의 재산을 명백한 직계의 자격으로 물려받았고, 또 지금 이 소송과 같은 것이 이 전에 어떤 사람에 대해서 제기된 적이 있는지를 나는 알지 못하기 때문입니다. 여기서 나는 부모학대죄에 관련한 법을 소개하고, 이 모든 사태가 발생하게 된 원인을 여러분에게 설명드리겠습니다.

법

여러분, 키론의 재산은 쉬 1탈란톤 상당으로 호가되는 플리아 35
의 토지, 시내의 집 두 채, 즉 한 채는 림나이의 디오니소스 신전 가까운 곳에 있으며 임대되었는데 2천 드라크메 상당이며, 다른 한 채는 그 자신이 살고 있는 것으로 13므나에 상당합니다. 키론은 또 노임을 벌어오는 노예, 그리고 두 하녀와 어린 소녀 하나를 거느렸으며 그가 사는 집의 가구를 갖고 있어서, 노예를 포함하여 그 액수가 13므나에 달합니다. 이렇게 가시可視재산phanera의 총액은 90므나가 넘습니다. 이 외에도 상당한 돈을 대출하여 이자
36 를 받습니다. 디오클레스가 그 누이와 함께, 키론의 아들들이 죽은 다음부터 오랫동안 획책했던 것이 마로 이 재산을 차지하기 위한 것입니다. 디오클레스는 그 누이가 다른 남자의 아이를 낳을 수 있었는데도, 그녀에게 다른 남편을 구해주려고 하지 않았습니다. 디오클레스는 그 누이가 키론과 헤어지게 되면, 키론이 그 재산을 적절하게 처분하려고 할까봐 염려했기 때문입니다. 그래서 그는 그녀를 사주하여 키론 곁에 머물면서, 그의 아이를 임신을 한 것 같다고 말하고 우연히 유산을 한 것같이 꾸미도록 함으로써, 키론이 언제나 아이를 얻을 수 있다는 희망을 갖도록 하여 우리들(나와 내 형제)을 양자로 들이지 않게끔 하려 했습니다. 디오클레스는 끊임없이 내 아버지를 험담하면서, 내 아버지가 키론
37 의 재산을 탐내고 있다고 주장했습니다. 이렇게 그는 점차 키론을 설득하여, 그의 모든 채권과 그 이자 수입까지 관장하고 그 '가시적可視的' 재산[71]을 주무르면서, 이 늙은이의 환심을 사서 그의 모든 재산을 손아귀에 넣었습니다. 그런데, 디오클레스는 할아버지가 죽으면 내가 당연한 권리를 찾아 이 재산의 주인이 되려 한다는 것을 알고 있었지만, 내가 할아버지를 방문하여 그를

돌보고 그와 대화하는 것을 방해하지 않았습니다. 디오클레스는 키론이 노하여 자신과의 사이가 나빠질까봐 겁냈던 것입니다. 그러나 그는 내내 내 재산권을 문제 삼을 소송청구인을 준비하고 있었습니다. 만일 그 소송청구인이 성공하면 소액을 주기로 했으나, 디오클레스 자신은 전 재산을 차지하려 하면서, 공범자에게까지도 내 할아버지가 물려줄 돈이 없다고 하고 아무 것도 없는 듯이 꾸며댔습니다. 키론이 죽자 그는 바로 장례준비를 서둘렀으 38
며, 여러분이 증인의 증언을 들으신 바와 같이, 그 비용을 지불해 주도록 내게 요구했습니다. 그러나 그 후 그는 그 돈을 내 소송상대인으로부터 받은 것처럼 꾸며대면서 내게서 돈을 받기를 거절했습니다. 그것은 나를 은밀하게 밀어내면서 내가 아니라 내 소송상대인이 내 할아버지의 장례를 치른 것같이 보이게 하려는 것이었습니다. 그리고는 내 소송상대인은, 키론이 남긴 것이 아무 것도 없다고 말해놓고도, 이 집과 그 밖의 키론이 남긴 모든 것을 요구했을 때, 나는 이런 슬픈 순간에 폭력을 사용하여 시신을 옮기려는 생각은 하지 않았고 내 친구도 그런 나에게 동의했습니다. 반대로 나는 장례식에 참여하여 매장할 때 임석했고 그 비용은 내 할아버지의 재산에서 지불되었습니다. 이렇게 나는 어쩔 39
수 없이 이렇게 행동하게 된 것입니다. 그러나 내가 장례비용을 부담하지 않았다고 그들이 여러분에게 주장함으로써 그들이 아무런 이득을 보는 일이 없도록, 나는 신성의 법 해석자에게 상의

하여 그 권고로 나는 사비를 들여 가능한 한 가장 성대하게 아흐레 째 제사를 지냈습니다. 그것은 그들의 야비한 속임수를 분쇄하고, 또 그들이 모든 것을 지불하는 동안 나는 아무 것도 지불하지 않은 것이 아니라 내 몫을 부담한 것으로 생각되도록 하기 위한 것이었습니다.

40 여러분, 대충 이런 것들이 사건의 개요이며 그런 사건이 벌어진 원인들입니다. 여러분이 디오클레스의 몰염치함과 다른 모든 경우의 그 행동을 이해하신다면, 내 말을 믿는데 문제가 없을 것입니다. 디오클레스가 지금 차지하고 있고 그 때문에 거드름을 피우고 있는 그 재산은 그의 것이 아닙니다. 그의 어머니의 자식인 3명의 동복이부 누이들이 무남상속녀$_{epikleros}$가 되자, 그 누이들 아버지가 그런 유언을 남긴 적도 없는데, 스스로 그 양자로서
41 자처했습니다. 그 누이들 중 두 명의 남편들이 아내들의 재산을 찾으려고 하자, 디오클레스는 그 둘 중 언니의 남편을 구금하고 음모를 꾸며 불명에에 처하게 했습니다. 그리고 그는 불법행위로 고소당했으나 아직 벌 받지 않았습니다. 동생의 남편은 디오클레스가 하인을 시켜 살해하도록 한 다음 살해자를 몰래 도주시키고
42 그 죄를 그 누이에게 덮어씌웠습니다. 그리고 가증스러운 행위로 그녀를 협박하면서, 그녀의 아들의 후견인이 되어 그 아들로부터 재산을 빼앗아서는 아직 그 땅을 차지하고 있고 그녀의 아들에게는 돌밭 조금을 주었을 뿐입니다. 내말이 진실임을 입증하기 위

해, 그 희생자들이, 디오클레스를 두려워하면서도, 나를 위해 증언을 해 줄지도 모르겠습니다. 그렇지 않으면, 나는 이 실을 알고 있는 사람들을 증인으로 대겠습니다. 먼저 그들을 불러주십시오.

증인들

이렇게 디오클레스는 야만적 폭력적이며 그의 누이들로부터 43
재산을 빼앗으면서, 그들의 재산을 빼앗는 데 만족하지 않고, 아직 벌을 받지 않은 채, 우리에게서 우리 할아버지의 재산도 빼앗으려 하고 있습니다. 내 소송상대인에게, 소문에 따르면, 2므나에 불과한 소액을 지급하고는, 그는 우리 자신의 재산 뿐 아니라 우리 선조의 것까지 빼앗으려고 협박하고 있습니다. 우리 어머니가 시민$_{politis}$이 아니며 우리도 아닌 것으로 여러분이 잘못 호도된다면 말입니다. 우리는 에우클레이데스가 아르콘에 봉직하던 해 이후에 태어났기 때문입니다.[72] 그러니, 그가 우리를 음해하려고 꾸며낸 소송이 사소한 것이라고 할 수 있겠습니까? 우리 할아버지와 우리 아버지가 살아있을 때는 우리는 아무런 시비에 연루되
지 않았고 우리 권리도 의심받지 않았습니다. 그러나 그들이 죽 44
은 지금, 우리가 소송에서 이긴다 해도, 우리 권리가 분쟁거리가 되었다는 오명을 갖게 되었습니다. 간음을 하다가 붙들려서 그런 불한당에게 마땅한 벌을 받았는데도, 사실을 아는 사람이 증거하는 바와 같이, 그런 짓을 중단하지 않는 이 저 저주받은 오레스

테스[73] 때문에 말입니다. 이제 여러분은 이 자의 인물됨을 알고, 또 그에 대한 소송을 우리가 제기할 때면 더 상세하게 아시게 될

45 것입니다. 그러나 여러분에게 간청하건대, 내 할아버지가 남긴 이 재물이 내게서 모욕적으로 빼앗기지 않도록 하시고, 가능한 한 여러분이 나를 도와주십시오. 여러분 앞에 제시된 증언, 고문에 의한 것들, 그리고 우리가 키론의 합법적 딸의 소생이며 우리 할아버지의 직계로서 우리가 우리 소송상대인보다 그 재산에 대한 우선권을 가지고 있음을 적시하는 법 자체가 충분한 증거가 됩니다. 그러니, 여러분이 재판관으로 임하면서 한 맹서와, 우리가 개진한 주장들과 법률들을 기억하시고, 정의에 따라 판결을 내려주십시오.

46 더 무슨 말을 해야 할지 나는 알지 못하겠습니다. 내가 한 말을 여러분이 이해하지 못했다고는 나는 생각하지 않기 때문입니다. 디오클레스가 간음으로 붙들린 사실을 입증하는 나머지 증언을 들고 여러분께 읽어주십시오.

증언

IX

아스티필로스의 재산에 대하여

사건개요

아테네 인 아스티필로스는 군사 원정 중에 죽었다. 클레온의 사촌이 그의 유언을 공개했는데, 아스티필로스가 그 유언장을 히에로클레스에게 보관하게 했으며, 그 취지는 클레온의 아들을 상속인으로 한다는 것이었다.

아스티필로스는 히에로클레스의 조카, 즉 히에로클레스의 누

〈가계도〉

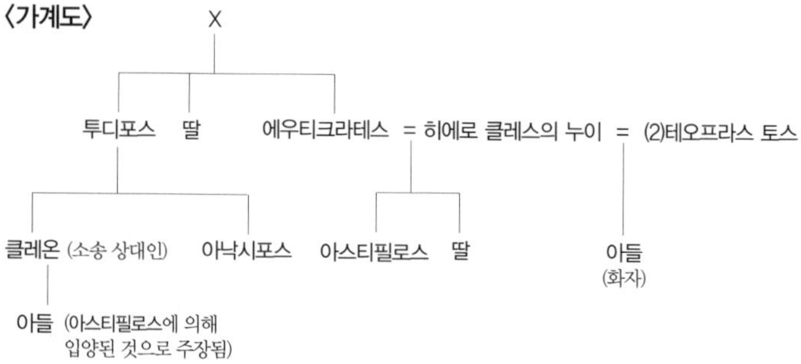

이와 에우티크라테스 사이에서 난 아들이었다. 이 변론의 화자는 아스티필로스의 동복이부 형제, 즉 히에로클레스의 누이와 그 누이가 두 번째로 혼인한 테오프라스토스 사이에서 난 아들이다. 재산을 둘러싼 소송은 한편에 아스티필로스의 동복이부 형제, 다른 한편에 아스티필로스의 사촌의 아들 사이에 벌어진 것이다.

변론의 화자는 유언장이 날조된 것으로, 클레온과 히에로클레스가 공모하여 만들어낸 것이라고 주장한다. 아스티필로스는 원정을 떠나기 전에 유언장을 작성할 리가 없었다는 것이다. 즉, 그 전에도 여러번 원정을 떠났으나 그런 것을 작성한 적이 없는데, 왜 하필이면 마지막 원정에서 자신이 죽을 것을 미리 예견한 것처럼 유언장을 작성한 것은 있을 수 없는 것이라고 한다. 또 유언을 작성한 일이 있다 하더라도 가장 적대적이었던 클레온의 아들을 양자로 할 리가 없다는 것이다.

나아가 정황 증거로서 아스티필로스와 화자는 사이좋게 화자의 아버지 집에서 함께 자라났음을 강조한다. 더구나 클레온은 남의 집으로 입양되었으므로, 더 이상 아스티필로스의 근친이 아니라고 한다.

논점

아스티필로스와 이 변론의 화자는 동모이부 형제이다. 아스티필로스가 죽자 그 사촌인 클레온이라는 사람이 유언장을 내놓으며 자신의 아들을 위해 작성된 것이라고 주장했다. 아스티필로스의 형제는 유언장을 가짜라고 반박한다. 분쟁은 사실의 확인에 있다.

본문

1 여러분, 재산의 소유주인 아스티필로스는 내 동복이부 형제로 내 어머니의 아들입니다. 그는 미틸레네로 가는 군대에 합류하여 외국으로 가서 거기서 죽었습니다. 나는 내 반대증언에 쓴 사실, 즉 망자가 양자를 들인 사실이 없으며, 유증을 한 적도 없고 유언장을 작성한 사실이 없으며, 나를 제외한 아무도 아스티필로스의 재산에 대한 권한이 없다는 것을 여러분에게 증명하겠습니다.
2 내 소송상대인 클레온은 아스티필로스의 부계 사촌이고, 아스티필로스가 입양했다고 하는 그 아들은 아스티필로스의 사촌의 아들인 것입니다. 그러나 클레온의 아버지는 입양이 되어 다른 가문으로 옮겨가서 아직도 다른 가문에 속하니, 그들은 법률상 아스티필로스와 아무런 관련이 없습니다. 여러분, 이런 사실은 의심의 여지가 없으므로 그들이 유언장을 위조하여, 이런 사실을 내가 입증하려고 합니다만, 내 형제의 재산을 내게서 빼앗으려
3 하고 있습니다. 여기 클레온은 언제나 그래왔고 지금도 도가 지나쳐서 그 자신이 아닌 다른 누구도 재산을 가져서는 안 된다고

생각하고는, 아스티필로스가 죽었다는 소식을 듣자, 내 아버지가 아파 누워있고 나는 군역으로 해외에 있는 가운데, 여러분의 판결이 나기도 전에, 바로 토지를 차지하고 아스티필로스가 남긴 다른 재물도 자기 아들 것이라고 선언했습니다. 그러나 내 형제 4
의 물건을 옮겨올 때, 그의 아들 처럼 오래 전에 입양되었다고 하는 사람이 내 형제의 뼈가 집으로 들어오자 그것을 안치하지도 묻지도 않았습니다. 내 아버지가 앓아누웠고 내가 해외에 있는 것을 알고는, 아스티필로스의 친구들과 병사들이 뼈를 안치하고 다른 의식을 행했으며, 아스티필로스가 내 아버지에게 가졌던 정을 생각하여 누어있던 내 아버지를 무덤으로 데려갔습니다. 이 사실에 대한 증인으로 당시 임석했던 망자의 친구들 일부를 여러분 앞에 모시겠습니다.

증인들

클레온은 아스티필로스를 묻지 않았던 사실을 스스로 부인하 5
지 않으며, 그 증거도 여러분에게 제시되었습니다. 내가 집으로 돌아왔을 때, 내 소송상대인이 망자의 재산을 차지하고 있는 것을 보았습니다. 그래서 클레온을 찾았는데, 그는 자신의 아들이 아스티필로스에 의해 입양되었고 그런 취지의 유언장을 아스티필로스가 이피스티아다이 집안의 히에로클레스에게 맡겨두었다는 것이었습니다. 이 말을 들은 나는 히에로클레스의 집으로 갔

6 습니다. 그는 클레온과 더 할 수 없이 가장 친하게 지냈던 사람이
었으나, 특히 그가 아스티필로스는 물론 나에게도 (외)아저씨였으
므로, 죽은 아스티필로스의 뜻에 반대되는 거짓말을 할 것이라고
나는 생각하지 않았습니다. 히에로클레스는 내 물음에 대답하여,
그가 유언장을 가지고 있으며, 아스티필로스가 미틸레네로 떠나
려할 때 그로부터 그것을 받았다고 했습니다. 히에로클레스가 이
런 말을 한 사실을 입증하기 위해 증언을 읽어주십시오.

증언

7 그러니, 여러분, 아스티필로스가 죽을 때 내 형제의 친척 가운
데 아무도 임석하지 않았고, 그 뼈가 이곳으로 올 때 나는 해외에
있었으므로, 나는 내 소송상대인이 직접 진술을 이용하여 유언장
이 위조라는 것을 입증해야만 하게 되었습니다. 아스티필로스는
양자를 들이고 싶어 했을 뿐 아니라 어떤 증언이라도 가능한 한
효력을 갖도록, 또 누구를 입양했든 자신이 죽은 후 그 양자가 재
산을 갖고 조상의 사당에 나아가 자신과 조상들을 위해 온갖 제
사를 올리도록 조처했을 것이라고 생각하는 것이 당연한 것입니
8 다. 아스티필로스는 친척들의 증언이 없이 유언을 남기기보다,
형제단(프라토라이)과 촌락인(데모타이), 그리고 가능한 한 다른 친지
들도 많이 불러 모음으로써 자신이 의도한 모든 것이 가장 효과
적으로 이루어지리라는 것을 알고 있었을 것입니다. 누구라도 근

친이나 상속인으로서 재산권을 주장하는 사람이 있으면 위증으로 쉽게 단죄될 것이기 때문입니다. 아스티필로스는 이런 예방조 9
처를 전혀 취하지 않았으며, 내 소송상대인이 아스티필로스가 한 것이라고 주장하는 유언장을 작성할 때 내가 언급한 사람들 가운데 아무도 부르지 않았던 것으로 보입니다. 혹여 내 소송상대인들에 의해 사주를 받아서 자신이 출석했노라고 말하는 사람이 없다면 말이지요. 나는 이에 관련된 모든 증인들을 여러분 앞에 모시겠습니다.

증인들

아마도 클레온은 여러분이 이들 증인들의 증언으로부터 어떤 10
결론을 도출해서는 안 된다고 주장할 수도 있습니다. 아스티필로스가 그런 유언장을 만든 것을 그들이 알지 못한다는 사실만 증언한 것에 불과하다는 것이지요. 그러나 이 분쟁이 유언장과 아스티필로스에 의해 입양이 이루어진 사실에 관한 것이므로, 여러분은 망자와 아무 관련이 없는 사람들이 임석했노라고 하는 주장보다, 망자의 친구들이 그 중요한 시점에 임석하지 않았다고 하
는 증언에 더 무게를 두어야 한다고 나는 생각합니다. 여러분, 클 11
레온 자신도 분명히 바보가 아니면서, 아스티필로스가 그의 아들을 양자로 들이고 유언장을 만들 때 시내에 있는 친척들과, 아스티필로스가 친하게 지내는 것으로 알고 있는 다른 사람들을 불렀

어야 하는 것입니다. 아스티필로스가 원하는 사람에게 재산을 주는 것을 아무도 방해할 수가 없기 때문입니다. 그러나 유언장이 비밀리에 만들어지지 않았던 것이 사실이라면 클레온에게 유리한 강한 증거가 되었을 것입니다.

12 더구나, 여러분, 만일 아스티필로스가 클레온의 아들을 입양했거나 유언장을 남긴 사실을 아무도 알지 못하도록 하려했다면, 증인으로서의 다른 누구의 이름도 문서에 기재되어서는 안 됩니다. 그러나, 아스티필로스가 증인들 앞에서 유언장을 만들었다면, 그리고 그 증인들이 자신과 아주 친한 사람들이 아니라 그렇고 그런 사람들 가운데서 채택된 사람들이라면, 유언장이 진실일
13 가능성이 있습니까? 누가 양자를 들일 때 앞날에 종교적hiera 및 세속적hosia 사안에서 자신을 대신하여 그 아들이 한 동반자가 되도록 맡길 사람들을 빼놓고 다른 사람들을 증인으로 불러들인다는 사실을 나는 믿을 수가 없습니다. 더구나, 원하는 사람에게 재산을 눌려줄 수 있도록 법에 인정을 하고 있는 마당에, 그런 유언을 시행하는 데 될 수 있는 대로 많은 사람들을 불러 모으는 것을 부끄러워하는 사람은 아무도 없습니다.

14 여러분, 내 소송상대인이 유언장이 만들어진 것이라고 하는 날짜에 대해 살펴보도록 합시다. 그들은 이 유언장이 아스티필로스가 군역으로 미틸레네로 배를 타고 갈 때 만들어진 것이라고 합니다. 그들의 말에 따르면, 아스티필로스는 미리 자신에게 닥칠

운명을 분명히 알고 있었던 것입니다! 아스티필로스는 처음에 코
린토스에서, 그 다음엔 테살리아(테탈리아)에서, 그리고는 다시 테
바이 전쟁에서 전 기간을 복무했습니다. 또 어디든지 군인을 모
집하는 것을 알면, 그 지휘관이 되어 떠났습니다. 이들이 원정을
떠날 때 단 한번도 그는 유언장을 남긴 적이 없습니다. 미틸레네
원정에서 그가 죽었으므로 그것이 마지막 원정이었습니다. 다른 15
원정을 준비하고 그 모든 경우에 위험이 도사리고 있음을 잘 알
고 있는 데도, 그 전에는 그 재산에 대해 아무런 조처를 위하지
않다가, 하필 이 때 운명의 향방이 아스티필로스의 행위와 그렇
게 정확하게 일치한다는 것을 여러분 가운데 누가 믿을 사람이
있습니까? 마지막 원정을 떠날 때도 안전하게 돌아오리라고 온통
낙관한 채 자원하여 떠나는 가운데, 그 때 유독 유언장을 작성하
고 난 뒤 가서 생명을 잃게 되었다는 사실을 어떻게 믿을 수가 있
단 말입니까?

그 외에도, 여러분, 내 소송상대인이 하는 말이 진실이 아니라 16
는 더 강한 증거를 보여드리겠습니다. 아스티필로스는 클레온에
게 누구보다도 적의를 가지고 있어서 극도로 그리고 타당한 이유
로 그를 미워했으므로, 클레온의 아들을 양자로 들이기는 고사하
고 그 집안사람들 중 아무도 클레온과 대화하지 못하도록 하려
했습니다. 여러분, 아스티필로스의 아버지인 에우티크라테스는 17
여기 클레온의 아버지 투디푸스 때문에 죽었다고 합니다. 이들이

토지 분배 문제로 싸움을 하다가, 아스티필로스가 두들겨맞아서
18 병이 들어 며칠 후에 죽었다고 하는 것입니다. 이 이야기가 사실임을 당시 밭을 경작하던 많은 아라페니오이[74) 사람들이 나를 위해 증언을 해줄 수 있을 것이나, 나는 이런 중요한 사안에 명백한 증언을 해줄 사람을 구하지 못할 수도 있습니다. 유언장을 보관하고 있다고 주장하는 히에로클레스는 에우티크라테스가 두들겨 맞는 것을 보았으나, 자신이 제출한 유언장의 취지에 어긋나는 그런 증언을 할 리가 없을 것입니다. 그렇지만, 히에로클레스를 불러서 여러분 앞에 증언을 하든지 아니면 모른다고 맹서하도록 하시지오.

모른다고 하는 맹서

19 나는 그가 이렇게 하리라는 것을 잘 알고 있었습니다. 사람이 실제로는 알고 있는 사실을 모른다고 맹서하는 것과 실제로 일어나지 않은 것을 사실인 것으로 선서하는 것은 꼭 같은 성질의 것입니다. 그런데, 아스티필로스의 아버지 에우티크라테스가 임종시 투디푸스 집안 사람은 누구라도 자신의 무덤에도 오지 못하도록 친척들에게 부탁한 사실이 있음에 대하여 나는 아스티필로스의 숙모의 남편을 증인으로 여러분 앞에 모시겠습니다.

증언

아스티필로스는 성인이 되었을 때는 물론 어릴 적에도 아저씨 20
와 다른 친척들로보터 이런 사실을 듣고는, 투디푸스가 자신의 아버지에게 한 막중한 범죄로 비난받을 때 그 아들과 말을 하는 것은 모독이라고 생각하고는, 클레온과 말을 하지 않았고, 죽을 때까지 이런 입장을 지켰습니다. 아스티필로스가 생시에 클레온과 사귀지 못했던 사실을 입증하기 위해 나는 이런 사실을 알고 있는 증인들을 여러분 앞에 모시겠습니다.

증인들

클레온은 아스티필로스와 같은 촌락(데모스) 사람이고 그 사촌 21
이며 더구나 아스티필로스가 그의 아들을 양자로 들이려고 했다면, 아스티필로스가 이곳에 머물 당시, 제식이 있어 다른 아테네인이 함께 식사를 할 때면 다른 이 아닌 아스티필로스가 클레온과 함께 왔어야 하는 것이 당연한 것이라고 나는 생각합니다. 그러면, 아스티필로스가 클레온과 동행한 적이 없었던 사실을 입증하기 위해 촌락인(데모타이)의 증언을 여러분에게 읽어드리게 되겠습니다.

증언

클레온과 망자의 관계가 이러했는데도 클레온은 지금 자신의 22

아들이 그 재산을 상속받아야 한다고 주장합니다. 그런데 왜 내가 클레온에 대해 말을 하겠습니까? 뻔뻔하게 위조된 유언장을 가지고 이곳으로 와서 아스티필로스가 그것을 자신에게 맡겨두었다고 하는 사람은 오히려 죽은 아스티필로스와 나의 아저씨인
23 히에로클레스입니다. 히에로클레스여, 당신이 지금보다 더 궁했을 때 내 아버지 테오프라스토스와 아스티필로스로부터 여러 가지로 은혜를 입었건만, 그 누구에게도 그들이 받아야 하는 것을 아직 돌려주지 않고 있습니다. 당신은 테오프라스토스의 아들이며 당신의 조카인 내게서 법에 따라 내게 속하는 것을 빼앗으려고 하고, 또 죽은 아스티필로스에 대한 기억을 더럽히고 그의 숙원의 적이 그 재산을 차지하도록 하려고 최선을 다하고 있기 때
24 문입니다. 더구나, 여러분, 재산에 대한 어떤 공식적 청구 절차가 이루어지기 전에 히에로클레스는, 그 재산이 당연히 다른 이 아닌 내게 속한다는 것을 잘 알면서도, 망자의 모든 친구들을 차례로 찾아다니며, 자신은 아스티필로스의 아저시인데 누구라도 그 자신과 몫을 나누어갖는다면 아스티필로스가 유언을 남겼다고 말할 것이라고 하면서, 획책한 바를 선전하고 다니면서 아무런 권한이 없는 사람들을 사주하여 재산권을 청구하도록 했습니다. 그리고 그가 클레온과 협상하여 내 형제의 재산을 나누어가졌으므로, 정작 진실을 말하는 것처럼 여러분에게 믿어달라고 할 것입니다. 누가 그에게 제안하는 사람이 있다면, 그는 기꺼이 맹서

까지 할 것이라 나는 생각합니다. 그는 내 친척이지만, 실제로 있었던 일 조차도 밝히기를 거부하고, 자신의 근친도 아닌 내 소송상대인과 작당하여 거짓말을 하고 없었던 사실을 증명하기 위해 문서를 내놓았습니다. 그는 돈을 갖는 것이 나와의 친척관계보다 더 중요하다고 생각하기 때문입니다. 그가 돌아다니며 재산을 나누어가질 사람을 위하여 유언장을 만들어내기로 약속한 사실을 입증하기 위해, 나는 그의 제안을 직접 받은 증인들을 여러분 앞에 모시겠습니다. 25

증인들

여러분, 자신의 이를 구하기 위해 이렇듯 쉽게 망자를 모독하려는 사람에게는 어떤 이름을 붙여야 할까요? 이런 증거들은 히에로클레스가 공연히 클레온을 위한 유언장을 내 놓은 것이 아니라 대가를 받았을 것이라는 추측을 강하게 뒷받침하고 있습니다. 이런 장치들은 나를 대상으로 공조한 것입니다. 그들 각자가 아스티필로스의 재산에서 가져가는 것은 무엇이나 소득이라고 생각하기 때문입니다. 26

유언장은 진짜가 아니고, 클레온과 히에로클레스가 여러분을 호도하려 하고 있음을 내 힘이 닿는대로 증명했습니다. 나아가 내가 아스티필로스의 근친이 아니라고 해도 내가 내 소송상대인보다 우선권을 가지고 있음을 증명하겠습니다. 내 아버지 테 27

오프라스토스가 내 어머니, 즉 아스티필로스의 어머니이기도 했던 그녀를 히에로클레스로부터 아내로 맞아들였을 때, 그녀는 아스티필로스와 함께 왔습니다. 그 때 아스티필로스는 어려
28 서 계속 우리 집에서 살면서 내 아버지에 의해 컸습니다. 내가 커서 학교 갈 나이가 되자 그와 함께 교육 받았습니다. 이 증언을 받으시고 그 다음 우리가 함께 다녔던 학교 선생님들의 증언도 받으십시오.

증언들

여러분, 내 아버지는 아스티필로스의 아버지 밭에 나무를 심고, 계속 경작을 하여 두 배의 가치로 늘였습니다. 이런 사실에 관한 증인들을 올라오게 하십시오.

증인들

29 내 형제가 성인이 되자, 그는 정확하고 합법적인 방법으로 모든 재산을 가져갔으므로 한 번도 내 아버지에 대해서 불평한 적이 없었습니다. 그 후 내 아버지가 아스티필로스의 누이를 적당한 곳에 출가시켰고, 그 외에도 모든 것을 처리했고 그에 대해 아스티필로스는 흡족해 했습니다. 아스티필로스는, 어릴 적부터 내 아버지에 의해 자랐으므로, 자신에 대한 우리 아버지의 우의가 충분히 증명되었다고 생각했기 때문입니다. 이런 사실을 알고 있

는 사람들이 나를 위해 아스티필로스의 누이의 약혼에 관해 여러분 앞에서 증언하겠습니다.

증인들

내 아버지는 아스티필로스가 어렸을 때 장소를 불문하고 종교 30
적 축제에 그와 함께 나를 데리고 갔습니다. 또 내 아버지는 그를 헤라클레스 제사단으로 데리고 가서 그 성원이 도도록 했습니다. 그 제사단원들이 여러분에게 이에 관해 증언을 하겠습니다.

증인들

여러분, 이제 내가 내 형제와 어떤 관계에 있었는지를 생각해주십시오. 먼저, 나는 그와 어릴 적에 함께 자랐습니다. 나는 그와 싸운 적이 없고, 그는 나를 아주 좋아했음을 우리 모든 친족과 지인들이 알고 있습니다. 이 증인들을 나오도록 해주시기 바랍니다.

증인들

여러분, 클레온을 아주 미워했고 내 아버지의 품에서 사랑을 받 31
았던 아스티필로스가 시혜자이며 친척인 사람들을 무시하고 자신의 적인 사람의 아들을 양자로 하려 했다는 사실을 여러분은 생각할 수 있습니까? 히에로클레스가 열 번을 위조 유언장을 내 놓는다 해도, 나로서는 그런 것이 불가능하다고 봅니다. 아니고말고요. 내가 그 형제이며 우리는 갖가지 다른 친족관계로도 엮여있기 때문에, 내가 클레온의 아들보다 우선권이 있음을 나는 확신합니다.
32 그들은 아스티필로스와 내가 말씀드린 그런 관계에 있었고 또 그의 뼈를 묻어준 적도 없으면서 아스티필로스의 재산을 요구하고 그를 위한 장례가 끝나기도 전에 재산을 차지한 것은 아주 무례한 짓입니다. 더구나, 지금 그들은 스스로 있다고 주장하는 유언장 뿐 아니라 친족 관계에서 그들과 나를 비교함으로써 상속권을 주장
33 하고 있습니다. 클레온은 부계로 망자의 사촌이라는 것입니다. 그러나 여러분, 여러분은 그가 주장하는 친족관계에 하등의 관심을 기울일 필요가 없습니다. 입양 되어 다른 집안으로 옮긴 사람은, 합법적 절차를 거쳐 ...[75] 출신 집안으로 다시 입적 되지 않으면, 입양되어 출가한 집안에서 상속받을 수가 없습니다. 이렇게 사람들은 아스티필로스가 클레온의 아들을 입양한 것이 없음을 알고 있었으므로, 그가 자주 나타났으나, 그에게 제물의 한 몫을 나누어 주지 않았던 것입니다. 이 진술서를 받으십시오.

증언

34 그러니, 맹서 하에 우리의 주장들을 숙고한 다음 우리 사이에 판결을 내려주시기 바랍니다. 클레온은 자신의 아들이 아스티필로스에게 입양되었고, 아스티필로스가 이런 내용을 유언으로 남

졌다고 주장합니다. 나는 이런 사실을 부인하고, 아스티필로스의 재산이 나의 것이라고 주장합니다. 나는, 내 소송상대인들이 스스로 잘 알고 있듯이, 아스티필로스의 형제이기 때문입니다. 그러니, 여러분, 아스티필로스 자신이 생시에 입양한 적이 결코 없는 양자를 아스티필로스에게 만들어주지 마시고, 나를 위해 여러분 자신이 세운 법을 확립하십시오. 그 법에 따라 나는 내 권리를 요구하고 내 형제의 재산 상속자로 여러분이 나를 만들어주시기
를 여러분에게 경건한 마음으로 기도합니다. 아스티필로스는 어 35
느 누구에게도 재산을 양도한 적이 없음을 증명했고, 내 말에 대한 증인들을 제시했습니다. 그러니, 나를 도와주십시오. 만일 클레온이 나보다 더 영리한 변론인이라면 그의 재능으로 인해 그가 법과 정의에서 벗어나는 일이 없도록 만드시고, 여러분이 이 사건 전모의 중재인이 되어 주십시오. 뻔뻔한 사람이 이득을 취하지 못하도록, 그리고 더 약한 자가, 여러분이 다름 아닌 정의를 지향하고 있음을 잘 알고서, 자신의 올바른 권리를 주장할 수 있
도록 하기 위해 이 자리에 여러분은 모이셨습니다. 그러니, 여러 36
분, 여러분 모두가 내 편을 지지해 주십시오. 만일 여러분이 클레온에게 설득되어 다른 판결을 내리려 한다면, 여러분이 감당해야 할 책임을 생각해 보십시오. 첫째, 아스티필로스를 위한 제사를 지내기 위해 그의 앙숙을 그 무덤으로 보내게 될 것입니다. 둘째, 여러분은 아스티필로스의 아버지인 에우티크라테스의 훈계, 즉

그가 죽는 순간까지 어기지 않았던 그 훈계를 무시하게 될 것입
37 니다. 마지막으로, 여러분은 아스티필로스를 죽은 다음에 더할 나위 없는 바보로 만들게 될 것입니다. 만일 아스티필로스가 극도의 적대관계에 있던 사람의 아들을 양자로 들였다면 그말을 듣는 사람들이 그가 비쳤거나 약물로 감각이 마비되었다고 생각하지 않겠습니까? 더구나, 여러분, 내가 아스티필로스와 함께 자라고 교육 받았으며 또 그의 형제인 나로부터 그 재산을 클레온이 빼앗아가도록 방치하게 될 것입니다. 나는 혼신을 다하여 나에게 승소판결 내려주시기를 여러분에게 간구합니다. 그렇게 되면 여러분은 아스티필로스의 뜻을 가장 잘 받들고 나를 부당하게 처우하지 않는 것이 될 것입니다.

X
아리스타르코스의 재산에 관하여
크세나이네토스에 반대하며

사건개요

아테네 인 아리스타르코스(I)는 네 명 아이, 즉 두 아들, 키로니데스와 데모카레스와 두 딸을 가지고 있었다. 이 변론의 화자는 두 딸 가운데 한 명의 아들이다. 아리스타르코스(I)는 아들 키로니

〈가계도〉

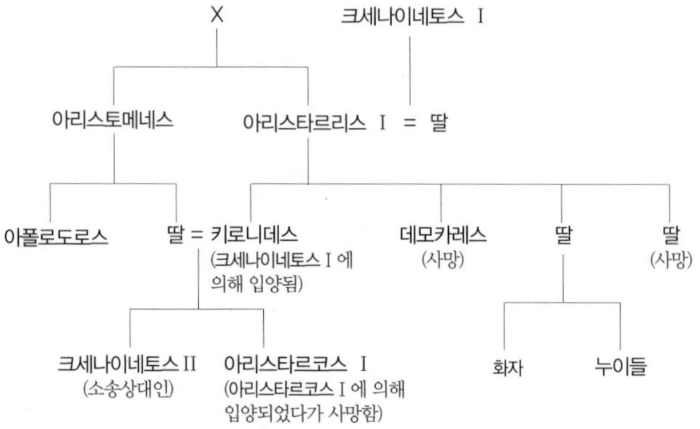

데스를 자신의 외조부 크세나이네토스의 집안에 양자로 들여보냈다. 나머지 세 남매 중 데모카레스와 그 한 누이가 자식 없이 죽었으므로, 남은 한 누이가 무남상속녀epikleros가 되었으며, 그 아들이 이 변론의 화자가 되는 것이다.

아리스타르코스(I)가 죽었을 때, 그 형제인 아리스토메네스가 자신의 딸을 키로니데스와 혼인하게 했다. 키로니데스는 아리스토메네스의 조카인 동시에 이 변론의 화자의 삼촌이 되며, 그 때 이미 크세나이네토스의 집안에 양자로 가 있었다. 그런데, 아리스토메네스의 딸과 키로니데스 사이에서 아들이 났는데 아리스타르코스(II)라는 이름을 가지게 하고는, 아리스토메네스의 사주에 의해 그를 그 전에 이미 죽은 할아버지 아리스타르코스(I)의 집안에 양자로 들이게 되었다. 아리스토메네스는 이런 처사가 아리스타르코스의 뜻이라고 주장했다. 이렇게 아리스타르코스(I)의 재산이 아리스타르코스(II)에게 상속되게 되었다. 그런데 아리스타르코스(II)가 자식 없이 죽으면서 크세나이네토스의 형제를 상속인으로 하는 유언을 남겼다.

이에 대해 아리스타르코스(I)의 딸의 아들이 이의를 제기하고 나섰다. 첫째, 양자가 되어 출가한 키로니데스는 아리스타르코스의 집안사람이 아니라는 것, 둘째, 아리스타르코스는 적자 데모카레스가 있으므로 양자를 들일 수 없다는 것, 셋째, 데모카레스는 성년이 되기 전에 죽었으므로 양자를 들일 권한이 없다는 것,

넷째, 아리스타르코스의 다른 딸, 즉 화자의 숙모도 어려서 죽었다는 것이다.

논점

아르스타르코스란 사람은 네 명의 아이들, 즉 키로니데스, 데모카레스, 이 변론의 화자의 어머니, 또 다른 딸의 아버지였다. 그 생시에 그는 키로니데스를 자신의 외조부 크세나이네토스의 재산 상속자로 양자 보냈고, 다른 아이들에게는 자신을 재산을 유증했다. 그 후 데모카레스가 자식 없이 죽고 그 딸 가운데 한 명도 죽고 난 다음 전 재산이 법에 따라 이 변론문 화자의 어머니에게 넘어갔다. 상황은 이와 같았다. 그러나 아리스타르코스가 죽은 다음 그 형제이며 지금 그 형제의 자식들의 법적 대리인으로 있는 아리스토메네스가 자신의 딸을 아리스타르코스의 아들로서 다른 집안에 양자로 간 키로니데스에게 출가시키면서, 그에게 아리스타르코스의 재산을 얻도록 해주겠다고 약속했다. 아리스토메네스는 이렇게 하는 데 성공했다. 키로니데스에게 아들이 생기자, 그들은 먼저 그 아들에게 그 할아버지의 이름을 주어 아리스타르코스(II)로 불렀다. 그리고는 그를 그 할아버지의 집안에 양자로 들이면서, 할아버지가 이렇게 하도록 지시한 것이라고 했다. 그런 다음 아리스토메네스는 그 할아버지의 전 재산을 그에게 넘겨주었다. 그런데 아리스토메네스(II)가 자식 없이 죽으면서 유언으로 그 자신의 형제 크세나이네토스를 양자로 삼았다. 이런 상황이 되고 크세나이네토스가 아리스타르코스(I)의 재산을 갖게 되자, 아리스타르코스(I)의 딸의 아들이 그에게 재산의 권리를 요구하면서, 자신이 아리스타르코스(I)의 재산에 대한 유일한 합법적 상속자라고 주장했다. 그에 따르면, 키로니데스가 양자가 되어 집안을 떠났고, 자신의 아버지는 적자 데모카레스를 가지고 있었으므로, 양자를 들일 수 없다는 것이었다. 데모카레스도 미성년이었고, 또 그보다 먼저 죽은 다른 누이도 그들 아버지 집안에 양자를 들일 수 있는 권리가 없다. 그러니, 화자에 따르면, 아리스타르코스(II)의 입양은 합법적인 것이 아니며 유언은 효력이 없다고 한다. 불법적으로 얻은 재산을 어떻게 다른 사람에게 유증할 수 있나? 이렇게 유언은 무효가 되고 재산은 당연히 아리스타르코스(I)의 합법적 딸의 아들인 화자에게 넘어가야 하는 것이다. 주제는 이와 같고, 논쟁은 (유언장) 문서에 관한 것이다. 그런 유언이 유효한가 그리고 어느 편의 주장이 더 옳은가 하는 것이다.

본문

여러분, 여기 크세나이네토스가 쉽게 거짓말을 하는 만큼, 그 1
만큼 나도 내 권리를 주장하기 위해 자신감을 가지고 진실을 말할 수 있었으면 합니다. 그러면, 우리가 부당하게 권리를 주장하는 것인지, 또 우리의 소송상대인이 이 재산을 오랫동안 부당하게 가져왔던 것인지가 여러분에게 바로 분명해지리라 생각하기 때문입니다. 그렇긴 하지만, 여러분, 우리의 조건은 평등하지 않습니다. 그들은 유능한 변론가, 영리한 음모자들이라, 다른 사람들을 위하여 여러분 앞에서 변론하지만, 나는 다른 이를 위한 변호는 그만두고 사적 소송에서 나 자신을 위해서도 변론해본 적이 없어서 여러분의 많은 양해를 바랍니다.

2 사실은, 여러분, 내 소송상대인을 상대로 정의를 구현할 수가 없었으므로, 나는 예비심문에서 내 청원서에다 내 어머니가 아리스타르코스(II)의 아내라는 사실을 추가하게 되었습니다. 만일 여러분이 아리스타르코스가 내 소송상대인에게 물려준 재산이 그 자신의 것인지, 혹은 아무 권리를 갖지 못하는 것인지 하는 점을 캐는 데, 이것이 여러분의 판단을 더 흐리는 것은 아닐 것입니다. 이 문제는, 여러분, 법률적인 것입니다. 법에 따르면, 사람은 자신의 재산을 원하는 사람에게 양도할 수가 있으나, 다른 사람의
3 것은 그럴 수가 없습니다. 여러분이 내 말을 경청하신다면, 이것이 내가 여러분에게 분명히 밝히려는 첫 번째 점입니다. 여러분은 이 재산이 처음부터 내 소송상대인이 아니라 내 어머니의 것이라는 것, 그녀가 그것을 그녀의 아버지로부터 상속받은 것이라는 것을 인정하실 것입니다. 둘째, 아리스타르코스(II)가 법을 무

시하고 그것을 장악했으며, 그와 그 집안사람들이 온갖 법을 무시하고 내 어머니에게 부당한 행위를 한 사실이 있다는 것입니다. 나는 여러분이 이런 사실들에 대해 가장 분명한 이해하실 수 있도록 하는 점에서부터 먼저 설명하도록 하겠습니다.

여러분, 아리스타르코스는 시팔레토스 촌(데모스)에 속했습니다. 그는 아카르나이의 크세나이네토스의 딸과 혼인하여 두 아 4
들, 즉 키로니데스와 데모카레스와 두 딸을 두었는데, 그 딸 중 한 명이 내 어머니입니다. 재산을 불법적으로 차지하고 있는 내 소송상대인과 또 다른 이[76]의 아버지인 키로니데스는 다른 집안에 양자로 들어가서 더 이상 재산 청구권이 없습니다. 이들 두 아들의 아버지인 아리스타르코스(I)가 죽은 다음, 데모카레스가 그 상속인이 되었습니다. 그러나 그가 어려서 죽고 다른 그의 누이도 죽자, 내 어머니가 가족 전재산의 여상속녀가 되었습니다. 이 5
렇게 처음부터 이 모든 재산은 내 어머니에게 속했던 것입니다. 그런데, 그녀는 그 재산과 함께 근친과 결혼해야 하는데도, 지독하게 학대받았습니다. 아들 한 명과 딸 한 명을 둔 아리스타르코스(I)의 형제인 아리스토메네스가 그녀를 아내로 받아들이거나 아니면 법정의 검증유증을 통해 자신의 아들과 혼인시키지 않은 것입니다. 이 두 가지 가능성을 다 거부한 채, 그는 자신의 딸을 키로니데스에게 출가시키면서 내 어머니에게 속한 재산을 자신의 딸에게 주었습니다. 여기 크세나이네토스와 지금은 망자가 된

6 아리스타르코스(II)는 바로 이 혼인에서 난 자식들입니다. 이것은 권리침해이며 이런 과정으로, 여러분, 내 어머니는 자신의 재산을 빼앗겼습니다. 그 후 아리스토메네스는 내 어머니를 내 아버지와 혼인하게 했습니다. 키로니데스가 죽자, 그들은 크세나이네토스의 형제[77]를 아리스타르코스(I)의 양자로 들였습니다만, 이것은 합법적이 아니라는 점을 여러 증거에 의해 내가 여러분에게 입증하겠습니다.

7 먼저, 키로니데스가 크세나이네토스(I)의 집안에 양자로 들어갔으며 죽을 때 그 가문에 속했던 사실을 증명하겠습니다. 둘째, 이 재산이 속했던 아리스타르코스(I)는 자신의 아들 데모카레스보다 먼저 죽었고, 데모카레스는 아직 어렸을 때 죽었고, 그의다른 누이도 그랬습니다. 그래서 재산은 내 어머니에게 돌아온 것입니다. 이런 사실들에 대한 증인을 불러주십시오.

증인들

8 그러니, 여러분, 지금 문제가 된 재산은 처음부터 내 어머니의 것이었습니다. 키로니데스가 크세나이네토스의 집안으로 양자가되어 갔고, 그 아버지 아리스타르코스(I)는 재산을 그 아들 데모카레스에게 유증했으며, 데모카레스는 자신의 누이였던 내 어머니에게 그것을 남겼기 때문입니다. 그런데, 그들은 너무나 방자하게도 사리를 무시하면서 이 재산에 대한 권리를 요구하므

로, 여러분, 어떤 법에 의해서도 아리스타르코스(II)가 아리스타르코스(II)의 형제단으로 입적될 수 없음을 여러분은 아실 것입니다. 여러분이 이 점을 이해하신다면, 재산을 불법적으로 장악하고 있는 사람은 그것을 처분할 권한도 없음을 여러분은 분명하게 이해하실 것입니다. 여러분, 양자의 입적은 언제나 유언에 의 9
해서 이루어지고 유증하는 자는 재산 처분과 양자 채택을 동시에 하며, 이렇게 하는 것이 유일하게 합법적 절차라는 것을 여러분 모두가 잘 알고 있다고 나는 생각합니다. 그러니, 만일 누군가가 아리스타르코스(I) 자신이 유언을 남겼다고 주장하려 한다면, 그는 거짓말을 하려 하는 것입니다. 아리스타르코스(I)는 적자인 데모카레스를 가지고 있었으므로, 그가 그렇게 하려 했을 리 없고 다른 이에게 재산을 물려줄 수도 없었습니다. 또, 만일 데모카레스가 아리스타르코스(I)가 죽은 다음 아리스타르코스(II)를 입양했다고 그들이 주장한다면, 그것도 마찬가지로 거짓말을 하는 것입니다. 미성년자는 유언을 할 수가 없습니다. 법에는 아 10
이 혹은 여자는 보리 1메딤노스(부셸) 이상 계약할 수가 없도록 되어 있기 때문입니다. 아리스타르코스(I)가 자신의 아들 데모카레스보다 먼저 죽었고, 데모카레스는 그 아버지보다 뒤에 죽었다는 사실에 대한 증거가 여러분에게 제시되었습니다. 그러니 그들이 유언을 했다 하더라도, 아리스타르코스(II)는 그들의 유언들에 의해 재산을 상속할 수가 없습니다. 그 두 사람 중 아무도 유언을 할 권리가 없음을 규정하고 있는 법조문을 읽어주십시오.

법률

11 또한, 여러분, 키로니데스도 아리스타르코스(I)에게 양자를 들여 줄 수가 없습니다. 사실 키로니데스가 크세나이네토스(I)의 집안에 아들을 낳아주었더라면 원래 아버지의 집으로 돌아올 수 있었을 것입니다. 그러나 그 아들을 그 자신 대신 출신 가문에 입적시키는 것을 허용하는 법은 어디에도 없습니다. 그런 법이 있다고 그들이 주장한다면, 거짓말을 하는 것입니다. 키로니데스에 의해 입양이 이루어졌다고 그들이 주장한다고 해도, 키로니데스가 그런 권한이 있음을 보여주는 법을 보여줄 수가 없습니다. 그들 자신의 주장으로부터 그들이 불법적으로 방자하게 내 어머니
12 의 재산을 장악하고 있음이 더 분명해 질 것입니다. 더구나, 여러분, 아리스토메네스와 아폴로도로스는 검증유증에 의해 내 어머니와 혼인할 수는 있었을 것이나 그 재산에 대한 청구권은 없습니다. 법에 따르면, 상속녀의 아들이 아니면 아무도 그 재산을 처분할 수가 없으며, 상속녀의 아들은 성년에 달하고 2년이 지난 다음 재산을 갖게 됩니다. 그런데 이상한 것은, 아리스토메네스와 아폴로도로스 둘 중 누가 내 어머니와 혼인한다 해도 아무도 그녀의 재산에 대한 처분권이 없음을 알고는, 내 어머니를 다른 사람에게 출가시킨 다음 양자를 들여서 내 어머니의 재산을 상속

하게 하는 것이지요. 그것은 가공할 일입니다. 또 남아가 없는 내 13
어머니의 아버지가 재산을 가진 그녀를 주지 않고 재산만 줄 수가 없습니다. 법에 따르면, 그는 재산과 함께 그녀를 혼인시킴으로써만이, 그가 원하는 사람에게 재산을 넘겨줄 수가 있기 때문입니다. 그런데 상속녀와 혼인하지 않으려 하고 또 그녀의 아버지가 아니라 사촌인 사람이 법을 무시하고 그녀의 재산에 대한 상속자를 입양한다면, 이것이 정당한 것입니까? 여러분 중 누가
그것이 정당하다고 생각할 수가 있습니까? 여러분, 나는 크세나 14
이네토스나 다른 누구라도 그녀의 형제 데모카레스를 통해 내 어머니에게 상속된 이 재산이 내 어머니에게 속하지 않는 것이라는 것을 입증할 수가 없다고 봅니다. 그런데도, 만일 그들이 이 문제에 집착한다면, 어떤 법에 따라 아리스타로코스(II)의 입양이 정당화될 수 있는지, 그리고 누가 입양을 했는지 그들로 하여금 밝히도록 하시지요. 이런 요구는 아주 정당한 것입니다. 그러나 그들은 어떤 법도 적시할 수가 없을 것이라는 것을 나는 알고 있습니다.

재산이 처음부터 내 어머니의 것이었고 또 그녀가 부당하게 내 15
소송상대인에게 그것을 빼앗겼음이 내가 전개한 설명에 의해, 또 제시된 증거들과 법률의 인용에 의해 충분히 밝혀진 것으로 나는 생각합니다. 사실 그들은 자신이 부당하게 이 재산을 차지하고 있음을 잘 알고 있으므로, 그들이 거론하는 것은 아리스타로코스

(II)를 형제단에게 입적한 행위의 합법성 뿐 아니라, 크세나이네토스의 아버지가 이 재산에 걸린 빚을 청산했다는 것입니다. 이것은 전자(아리스타르코스의 입양)에 의한 권리 주장이 정당한 것 같이 보이지 않을 때 후자(지판비용 지불)에 근거하여 재산권을 확보한 것
16 처럼 보이기위한 것이었습니다. 여러분, 그들의 말이 전혀 진실이 아니라는 확실한 증거를 대겠습니다. 만일, 그들의 주장처럼, 이 재산에 빚이 걸려있었다면, 그 재산은 그들의 소관이 아니었기 때문에 그들은 절대로 그 빚의 청산을 위해 돈을 쓰지 않았을 것이며, 오히려 내 어머니의 재산에 대해 권리가 있는 사람들이 그 일을 돌보았을 것입니다. 또 그런 상황에서라면 이익이 아니라 상당한 손해를 보게 될 것이므로, 그들은 자식을 아리스타로
17 코스(I)의 양자로 들여오지도 않았을 것입니다. 실제로, 다른 사람들은 재물의 손실이 생기면, 자신의 아이들을 다른 집안으로 입양시킴에 의해 아버지의 권리상실atimia에 의한 피해를 함께 당하지 않도록 합니다. 그런데 내 소송상대인은 부채를 진 재산과 집안을 위해 스스로 양자로 들어와서 원래 가지고 있던 재물까지 잃겠습니까? 그것은 말이 안되는 것이지요. 재산은 아무 문제가 없었고 내 어머니에게 상속되었습니다. 그런데 이들이 재물을 탐하고 내 어머니의 재산을 빼앗기 위해 이 모든 이야기를 날조한 것입니다.

18 여러분, 여러분 가운데 일부는 문제 제기가 이렇게 늦어진 것

에 대해 의아하게 생각하시고, 그 오랜 세월이 지나도록 사기를 당하고도 아무른 조처를 취하지 않다가 지금에야 권리를 청구하는가에 대해 물으실 것입니다. 무능하거나 소홀함으로 인해 정당한 자기 몫을 차지하지 못하게 되는 것은, 그런 원인보다는 그 주장이 정당한지 부당한지 하는 것이 중요한 것이므로, 바르지 못한 것이라고 나는 생각합니다만, 이렇게 청구가 늦어지게 된 것
에 대해, 여러분, 우리가 해명을 하도록 하겠습니다. 내 아버지는 19
내 어머니와 혼약하고 결혼할 때 지참금을 받았습니다. 그러나 그들이 이 재산을 차지했을 때 그것을 받아낼 수가 없었습니다. 그런데 내 어머니의 요구에 따라 아버지가 문제를 제기하자, 그들은, 만일 내 아버지가 그녀와 지참금에 만족하지 않으면, 자신들이 검증유증으로 그녀를 취하여 결혼할 것이라고 아버지를 협박했습니다. 그래서 내 아버지는 내 어머니를 빼앗기지 않으려고
그들이 재산의 두 배의 수확을 누리도록 내버려두었습니다. 그래 20
서 내 아버지는 재산에 대한 소송을 걸지 않았던 것입니다. 그런 다음 코린토스와의 전쟁[78]이 일어나서, 내 아버지와 내가 참전했으므로 둘 중 아무도 권리를 찾을 수가 없었습니다. 평화가 찾아왔을 때 나는 공공기금의 위반에 연루되어[79] 그들을 상대로 이의를 제기하기가 어려워졌습니다. 이 문제에 대한 이의 제기가 늦
어진 것은 이런 적지 않은 이유 때문이었습니다. 그러나 여러분, 21
이제 그들은 그에게 재산을 준 것이 누구인지, 어떤 법에 근거하

여 형제단에 그가 입적되었는지, 왜 재산의 상속자가 내 어머니가 아닌지 하는 것을 밝히는 것이 옳습니다. 여러분이 판결을 내려야 하는 것은 바로 이런 점들이며, 우리의 권리 요구가 늦었는지 하는 것이 아닙니다. 그들이 이런 점에 대해서 해명하지 못한다면, 여러분은 재산이 나의 것이라고 정당하게 판결할 수 있을 것입니다.

22 나는 그들이 해명을 할 수 없다고 봅니다. 법과 정의에 반한 주
장을 하기는 어렵기 때문입니다. 그들은 망자와 관련하여, 참으
로 용감했던 그가 전사해서 얼마나 슬픈지, 그리고 그의 뜻을 무
시하는 것이 부당하다고 말을 할 것입니다. 여러분, 나는 누구나
자신의 재산에 대해 하는 유언은 유효하지만 다른 이의 재산에
대해 유언한 것은 자신의 것에 대해 하는 것과 같은 효력을 가질
23 수가 없다고 생각합니다. 이 재산은 그들의 것이 아니라 분명히
우리들의 것입니다. 만일 그가 이런 주장에 근거하여 아리스타르
코스(I)가 유언을 했다는 사실을 증명하려고 한다면, 여러분은 아
리스타르코스(I)가 유증한 것이 그 자신의 것인지도 그로 하여금
입증하도록 하시지요. 이렇게 하는 것이 바른 것입니다. 무엇보
다 가공할 상황은, 키로니데스와 그 자식들, 즉 내 소송상대인들
이 4탈란톤 이상 되는 크세나이네토스의 재산을 소유할 뿐 아니
라 이 재산마저 차지하는 반면, 나는 내 어머니가 정당한 주인이
며 나는 키로니데스와 같은 조상의 후손이지만, 내 어머니의 재

산마저 받지 못하게 되는 것입니다. 특히 이들은 누구에 의해 이
재산이 그들에게 유증되었는지조차 밝히지 못하는 것입니다. 더 24
구나, 여러분, 분쟁이 되는 토지의 보유자는 보증인 혹은 판 사람
을 내거나, 아니면 법정의 판결에 의해 가지게 되었음을 입증해
야만 하는 것이므로, 그들은, 재판이 열리기도 전에 아리스타르
코스(I)의 딸인 내 어머니에게서 그 아버지의 재산을 빼앗을 것이
아니라, 그들 권리의 근거를 상세하게 밝혀야 하며 재산이 그들
에게 검증유증 된 것이라고 주장해야만 합니다. 그러나 여러분, 25
실로 크세나이네토스(II)는 아리스토메네스의 재산을 극도의 방탕
함으로 낭비한 것에 만족하지 않고, 이 재산까지도 같이 쓰려고
하고 있습니다. 그렇지만, 여러분, 나는 내 재산이 빈약하나, 내
힘닿는 대로 지참금을 마련하여 내 누이를 출가시켰습니다. 정돈
된 생활을 하고 자신에게 부과되는 의무를 수행하며 군에 복무한
사람으로서, 내 어머니가 그 아버지로부터 받은 재산을 내가 빼
앗기지 않도록 해주십사고 부탁드립니다. 내 소송상대인의 아버 26
지인 키로니데스는 다른 집안에 입양되었고, 그 친부의 집으로
돌아오지 않았던 사실, 키로니데스와 내 어머니의 아버지는 데모
카레스에게 재산을 유증한 것, 데모카레스는 어려서 죽었던 것,
그리고 재산은 내 어머니에게 유증된 것이라는 점 등을 나는 입
증했습니다.

XI

하그니아스의 재산에 관하여

사건개요

이 변론은 데모스테네스(XLIII)의 〈하그니아스의 재산에 관련하여 마카르타토스에 반대하며〉와 같은 문제를 다루고 있다.

오이온 출신의 부셀로스는 아들 다섯을 두었다. 하그니아스(I), 에우불리데스(I), 스트라티오스(I), 하브론, 클레오크리토스가 그들인데, 이 변론에서는 앞의 4명의 자손들이 관련된다.

하그니아스(I)의 손자 하그니아스(II)는 사신으로 페르시아로 가다가 스파르타 인에게 붙들려 기원전 396년에 죽게 된다. 하그니아스는 유언으로 질녀를 상속녀로 했다. 이 무남상속녀는 혼인하기 전에 죽었고, 그 다음 같은 하그니아스의 유언에 따라, 자신의 이복형제 글라우콘이 상속자가 되었다.

이 글라우콘에 대해 에우불리데스(II)가 이의를 제기했다. 에우불리데스(II)는 하그니아스(II)와 이중의 인척관계에 있었다. 즉 부

〈가계도〉

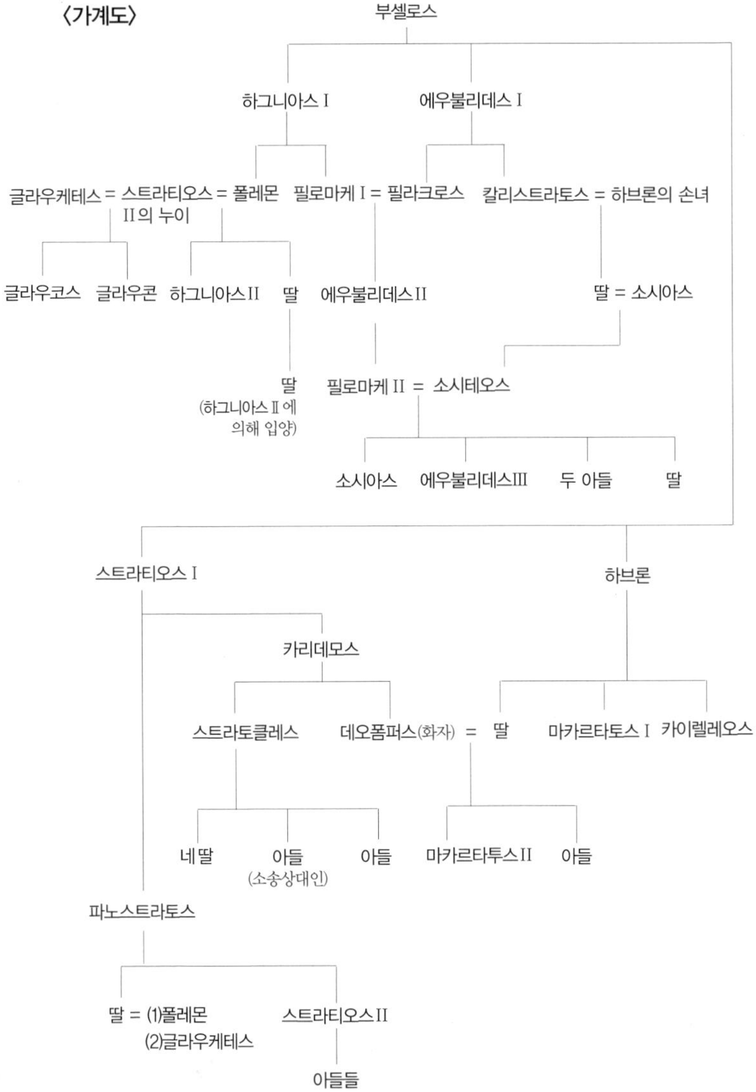

부셀로스
하그니아스 I
에우불리데스 I
글라우케테스 = 스트라티오스 = 폴레몬
II의 누이
필로마케 I = 필라크로스
칼리스트라토스 = 하브론의 손녀
글라우코스
글라우콘
하그니아스II
딸
에우불리데스II
딸 = 소시아스
딸
(하그니아스 II 에
의해 입양)
필로마케 II = 소시테오스
소시아스
에우불리데스III
두 아들
딸
스트라티오스 I
하브론
카리데모스
스트라토클레스
데오폼퍼스(화자) = 딸
마카르타토스 I
카이렐레오스
네 딸
아들
(소송상대인)
아들
마카르타투스II
아들
파노스트라토스
딸 = (1)폴레몬
(2)글라우케테스
스트라티오스II
아들들

계로 하그니아스의 재종사촌이었고, 모계로는 사촌이 된다.

그런데 에우불리데스(II)는 이 소송이 끝나기 전에 죽었다. 그러나 소송은 그 딸 필로마케(II)를 위한 것으로 진행되었다. 하그니아스의 유언의 무효와 검증유증을 통한 필로마케의 상속권을 요구하는 것이었다.

그런 가운데 하그니아스의 다른 재종사촌들도 자극을 받아서 재산권을 주장하게 되었다. 이렇게 스트라티오스(II), 스트라토클레스, 테오폼포스가 필로마케(II)를 상대로 소송을 시작했다. 그런 가운데 스트라티오스(II)와 스트라토클레스가 죽고 테오폼포스 만이 살아남아서 소송을 계속했다. 테오폼포스는 재종사촌이었지만 우선상속권을 주장하는 데 성공하여 재산을 차지했다.[80)]

재산을 둘러싼 소송은 그 뒤에도 계속되어, 이번의 소송은 테오폼포스가 자신의 형제의 아들인 고아를 학대했다는 죄목 관련이었다. 이 고아의 후견인이었던 테오폼포스는 공동 후견인으로부터 고아의 재산 반을 횡령했다는 혐의로 고발되었던 것이다. 이 변론문은 이런 고발에 답하는 것이다.

요점

하그니아스라는 사람에게는 많은 사촌들을 있었다. 즉 테오폼포스 및 그 형제 스트라토클레스, 스트라티오스(II), 에우불리데스

(II)가 그들이다. 하그니아스는 사망할 무렵 양녀 한 사람을 들이면서 그 유언장에다가, 만일 그녀에게 무슨 일이 생기면 재산은 자신의 이복형제, 즉 자신의 어머니의 아들에게 돌아가도록 했다. 이렇게 조치한 다음 그는 죽었다. 그래서 양녀가 상속을 했으나 그녀도 죽었다. 에우불리데스(II)도 죽었을 때 그의 딸이 글라우콘에 대해소송을 제기해서 재산을 상속받았다. 그 후 스트라토클레스와 스트라티오스가 죽자, 테오폼포스 혼자서 에우불리데스(II)의 딸에게 소송을 걸어 재산을 상속받았다. 테오폼포스에 대해 스트라토클레스의 아들이 한 후견인을 통한 소송을 내서, 재산은 테오폼포스와 자신의 아들에게 같은 지분으로 상속되어야 한다고 논쟁은 실제 사실에 관한 것이다.

본문

법률

이 아이가 재산의 반을 상속받을 수 있다고 내 소송상대인이 1
거짓 주장하기 위해 근거하고 있는 법은 내가 여러분에게 읽어드린 법률 중 첫 번째 것입니다. 사실 하그니아스는 우리의 형제가 아닙니다. 그러나 형제의 재산과 관련하여 법률에서는 형제와 조카들에게, 그들이 부계인 한, 우선적으로 상속권을 주고 있습니다. 왜냐하면 이들이 망자와 가장 가까운 관계에 있기 때문입니

2 다. 그들이 없으면, 두 번째로 같은 아버지의 누이들과 그 자식들
이 권한을 갖습니다. 그들도 없으면, 세 번째로 가까운 친족, 즉
부계 사촌들과 그 자식들이 상속권을 갖습니다. 그도 없으면, 다
시 망자의 모계 친족으로 돌아가서, 원래 부계 친족의 상속권에
적용된 것과 같은 원칙하에 상속이 이루어집니다. 법률가는 이들
3 친족만을 규정하고 있습니다. 법률가가 표현한 말은 내 말보다
더 간단하나, 그 의도는 법조문 안에 아주 선명하게 드러납니다.
그런데 이 아이는 하그니아스의 근친으로서의 이와 같은 범위에
들어가지 않고 친족의 범위 바깥에 있습니다. 여러분이 정확하게
어떤 사안에 대해 판결을 내려야하는지를 이해할 수 있도록, 이
아이가 피상속인과의 관련에서 위에서 언급된 친족 범위 가운데
어디에 해당하는지를 내 소송상대인이 무슨 말을 하든지 말하도
록 하십시다. 만일 그가 어떤 관계가 있음을 증명할 수 있다면 나
4 는 재산의 반을 나눌 용의가 있습니다. 그렇지 않고, 그 관계를
증명하지 못한다면, 그는 내게 무고한 소송을 제기했고 법률을
어기고 여러분을 속이려 한 데 대해 분명하게 유죄가 될 것입니
다. 그러니 그를 여러분 앞에 세워서 내가 그에게 질문을 할 수
있도록 해당 법조문을 읽어드리겠습니다. 그러면 여러분은 이 아
이가 하그니아스의 재산에 대해 상속권이 있는지 없는지를 아시
게 될 것입니다. 이 법을 여러분을 위해 받으십시오(서기에게). 그
리고 거짓말하고 법률을 왜곡하는 가공할 당신(소송상대인)은 이곳

으로 오십시오. 법률을 읽어주십시오.

법률

됐습니다. 당신에게 묻겠습니다. 이 아이가 하그니아스 형제 5
입니까? 아니면 그 형제나 누이의 아들인 조카입니까? 아니면 하그니아스의 모계 혹은 부계의 사촌이나 그 자식입니까? 법이 규정하는 이들 근친 가운데 어디에 속합니까? 그가 '나의' 조카라고 말하는 것을 유념하십시오. 문제가 되는 것은 내 재산이 아니며, 나는 아직 살아있기 때문입니다. 만일 내가 자식 없이 죽고 그가 내 재산에 대해 상속권을 주장한다면, 그를 조사하는 사람에게 그런 대답을 하는 것은 참으로 적절할 것입니다. 그러나 지금은 당신이 이 아이에게 속한다고 말하는 것은 하그니아스 재산의 반입니다. 그러니 당신은 이 아이가 하그니아스와 어떤 관계에 있는지를 말해야 합니다. 그 관계가 어떤지를 여러분께 말해주십시오.

여러분은 그가 그 관계를 말하지 못하고, 여러분이 요구하는 6
사실이 아닌 다른 대답을 하고 있음을 보실 것입니다. 정당하게 행하는 사람이라면 당황하지 않고 바로 대답을 할 수 있어야 하고, 나아가 친족의 범위에 대해 맹서를 하고 증거를 댐으로써, 여러분이 그가 말하는 것에 대해 더 큰 믿음을 가지게 될 것입니다. 그런데, 그는 아무런 대답도 못하고 증거도 대지 않으며 맹서도 하지 않았고 법률도 인용하지 않는 것을 보면, 그는 법률에 따라 판결을 하도록 맹서한 여러분이 이 형사소송$_{eisangelia}$에서 그를 믿고 나를 불법적으로 유죄로 선고할 것이라고 생각하는 것입니다.

7 그는 교활하고 염치없는 무뢰한입니다. 그러나 나는 그와 같이 하지 않으렵니다. 오히려 내 친족 관계와 재산에 대한 내 청구권의 근거를 밝히고, 또 여러분의 마음을 얻을 수 있도록, 이 아이와 그 전에 내 재산에 대해 청구원을 주장했던 사람들이 모두 친족의 범위에 속하지 않은 사실을 증명하겠습니다. 처음부터 일어난 사실들을 말씀드리겠습니다. 그래야 여러분이 내가 근친이며 내 소송상대인은 상속권이 없다는 사실을 아렉 될 것이기 때문입니다.

8 여러분, 나, 하그니아스(II), 에우불리데스(II), 스트라토클레스, 또 하그니아스의 어머니(스트라티오스 II의 누이)의 형제인 스트라티오스(II)는 모두 사촌들의 자식들입니다. 즉 우리의 아버지들이 같은 아버지를 가진 형제들의 자식들입니다. 하그니아스가 사신으로서, 도시를 위해 참으로 유리한 결과를 가져오게 되는 그 임무[81]를 받아 떠날 차비를 할 때, 무슨 일이 자신에게 생길 경우, 그 재산을 최근친인 우리에게 남기지 않고 질녀를 양녀로 했습니다. 그리고 그녀에게 변고가 있으면 자신의 모계 이복형제인 클라우콘에게 재산을 물려주도록 했습니다. 이런 사실을 그는 유언장에

9 적었습니다. 얼마 후 에우불리데스(II)가 죽었고, 하그니아스(II)의

양녀도 죽자, 글라우콘이 유언에 따라 재산을 상속받았습니다.
우리는 한 번도 하그니아스(II)의 유언을 문제 삼으려고 하지 않았
고 재산에 관한 하그니아스(II)의 뜻이 이루어져야 한다고 생각하
고 그런 입장을 지켰습니다. 그러나 에우불리데스(II)의 딸이 그
동료들의 도움을 받으면서 재산 상속권을 요구하여 유언에 따라
권한을 가진 사람들을 상대로 소송을 제기하여 재산을 빼앗았습
니다. 그녀는 법에 규정한 친족의 범위에 속하지 않았으나, 아마
도 우리가 그녀를 상대로 소송을 제기하지 않을 것으로 생각했던
것 같습니다. 왜냐하면 우리가 유언도 문제 삼은 적이 없기 때문
입니다. 그러나 우리들, 즉 스트라티오스, 스트라토클레스— 그 10
리고 나 자신은 모두, 재산이 검증유증 되려고 하는 지금, 소송을
제기할 준비가 되어 있습니다. 그러나 재판이 열리기 전에, 스트
라티오스와 스트라토클레스 둘 다 죽었습니다. 그래서 나와 같은
범위의 친족에 속하는 다른 모든 친척이 죽었으므로, 부계 친족
으로 사촌의 아들이며 법에 따라 재산이 상속되어야 하는 유일한
사람으로서, 유일한 생존자입니다. 그러나 내가 최근친으로 상속 11
권을 갖는 반면, 이 아이를 포함하여 다른 사촌들의 아이들이 그
런 권한을 갖지 못한다는 사실을 여러분이 어떻게 아시겠습니까?
바로 법률이 그것을 명시하고 있습니다. 근친의 권한은 부계 사
촌에 속한다는 사실은 일반적으로 알려진 것입니다. 그러나 지금
문제가 되는 것은 우리의 아이들에게까지도 그 권한이 적용되는

가 하는 것입니다. 이제 법을 들고 여러분에게 읽어주십시오.

법률 : 만일 부계 사촌의 아들까지 친족이 없으면, 상속권은 같은 순서로 모계로 넘어간다.

12 여러분, 입법자는 부계 사촌의 자식들까지 상속자가 없을 때 권한이 그들(사촌의 자식)의 자식에게로 내려간다고 말하고 있지 않고 있음을 유념해 주십시오. 입법자는, 우리가 없으면 망자의 모계 친족, 그 형제와 누이 및 그 자식들 등 앞에서 말했던 것과 같은 순으로 상속권이 넘어가도록 했습니다. 그러나 그는 우리 아이들을 상속권 근친의 범위 바깥에 있는 것으로 했습니다. 그러면 내가 죽는다 해도 법에 의해 하그니아스의 재산을 상속할 수 없는 그들이, 내가 살아있고 재산에 대한 법적 청구권을 가지고 있는 동안, 어떻게 그들 자신이 근친으로서의 자격을 가질 수가 있는지 한번 생각해 보십시오. 그들의 주장은 참으로 이율배반적
13 입니다. 실제로, 만일 상속권이 자신의 내 경우와 같은 친족관계에 있는 아버지를 가진 사람들에게 주어지지 않는다면, 이 아이에게도 주어지지 않습니다. 왜냐하면 그 아버지가 그들과 같은 친족관계에 있으니까요. 그러니, 법률에 의해 상속권이 분명히 내게 주어지고 내 소송상대인은 친족범위의 필요조건을 갖추지 못했는데도, 이 자가 이런 속임수를 구사하고, 또 내가 재산에 대

한 청구권을 요구할 때, 만일 그 주장 확실한 것이라면 문제를 해결할 수 있는 적기이므로, 나를 상대로 소송을 제기하고 요구되는 공탁금을 거는 것이 아니고, 이 아이를 내세워 나를 괴롭히고 나로 하여금 막중한 위험부담을 지도록 하는 것이 비열한 짓이 아니겠습니까? 그가 이 아이의 것이라고 주장하는 돈 때문에 나 14
를 고발하는 것도 아니고, 또 내가 그런 돈을 받았다고 말하지도 못합니다. 만일 내가 그가 행했던 것같이 재물을 낭비했더라면, 벌을 받아 마땅할 것입니다. 그러나 여러분은 누구나 원하는 자는 재물에 대한 청구권을 제기하도록 기회를 준 다음 그것이 나에게 속하는 것으로 판결한 그런 재물에 관련하여 내게 비열하게 소송을 제기하고 이런 정도의 뻔뻔한 지경에 다다랐습니다.

내가 앞서 말한 것으로부터, 여러분은 내가 이 아이에게 아무 15
런 잘못을 한 것이 없고 이런 죄목에는 가장 어울리지 않는 것이라는 점을 이해하셨을 것으로 생각합니다. 그러나 내가하는 다음의 이야기로부터, 특히 내가 어떻게 내게 검증유증에 의한 상속이 이루어졌는지를 들으신다면 더 정확하게 이 점을 파악하게 될 것이라 믿습니다. 내가 유산 청구권 재판을 제기했을 때, 지금 나를 고발한 내 소송상대인은 이 아이를 위해 재판 공탁금을 건 적도 없고 또 이 아이와 같은 관계에 있는 스트라티오스의 아들도 마찬가지였으며, 어떤 다른 이유로도 그들이 그 재물에 어떤 권리가 있다고 생각하지 않았습니다. 내가 만일 이 아이의 재산을 16

낭비하도록 내버려두고 그에게 반대하지 않았다면 지금처럼 나를 괴롭히지 않았을 테지요. 그러니, 내가 말했듯이, 이들은 자신이 인정되는 친족범위에 들지 않음을 알고는 조용히 있었던 것입니다. 그러나 에우불리데스(II)의 딸을 위해 일하고 또 이 아이와 스트라티오스의 아들들과 같은 친척관계에 있는 이들과 하그니아스(II)의 어머니(즉 스르타티오스 II의 누이)의 대리인들은 내게 소송을 제기하려 했습니다.

17 그런데 그들은 친족관계에 대해서 어떻게 반론문을 써야할지 곤혹스러워서, 재산을 가지고 있던 여인과 그녀의 친족관계를 입증하려 했던 사람들이 거짓말을 하자, 감히 사실이 아닌 것을 적으려 한 죄로 쉽게 나에 의해 유죄로 밝혀졌습니다. 한편 하그니아스의 어머니를 지지하고 또 나와 같은 친족관계에 있으나 남성을 우선으로 하는 법에 의해 배제된 사람은 이 점에 관련한 모든 내용을 무시하고는, 나를 이기고 이익을 얻기 위해 그녀를 망자의 어머니로 지칭했습니다. 그런데 이것은 자연적 관계에서는 가장 가까우나$_{\text{syngenestaton}}$, 근친으로서의 권리를 가진 자$_{\text{agchisteiai}}$ 가운
18 데는 속하지 않는 것으로 간주됩니다. 이렇게 내가 나 자신을 사촌의 자식으로 표현하고 이 여인들은 인정되는 친족범위 안에 들어가지 않는 사실을 증명함으로써, 내가 여러분에 의해 이 재산을 검증유증 받은 것입니다. 이들 여인들에게는 아무 정당성이 없습니다. 유언장에 의지하여 권리를 청구한 사람들을 반박하는

데 그녀가 이전에 성공한 사실이 상속권을 가진 여인 앞에는 쓸모가 없으며, 그녀가 재산을 유증한 망자의 어머니였다고 하는 다른 여인도 그러합니다. 반대로 정의와 맹서에 큰 비중을 두면서 이 사건을 재판할 때 합법적 주장을 하는 나에게 승소판결을 해준 사람들이 정당한 것입니다.

이렇게 나는 이 여인들이 하그니아스의 친족으로 인정되는 범 19
위에 속하지 않는다는 것을 증명함으로써 그들에 대해 승소했습니다. 그리고 현재의 내 소송상대인은 이 아이를 위해 재산의 반을 요구하면서도, 나를 상대로 소송을 제기하려 하지 않습니다. 또 이 아이와 같은 친족 관계에 있는 스트라티오스의 아들들은 나를 상대로 재산 관련 소송을 내려는 생각조차 하지 못하고 있습니다. 나는 여러분의 검증유증 판결에 따라 재산을 소유하고 있습니다. 나는 내 소송상대인이 이 아이가 하그니아스의 근친으로서 권리를 가질 수 있는 어떤 인척관계에 있는지를 지금도 밝힐 수 없다는 점을 증명할 수 있습니다. 이런 판에 여러분은 어떤 정보를 더 요구하며, 이 문제에 관해 무엇을 더 듣기를 원하십니까? 나는 여러분이 지각 있는 분들이라 생각하므로, 내가 말한 것으로 충분하다고 생각합니다.

내 소송상대인은 되는대로 쉽게 거짓말을 하고 자신의 비행이 20
자신에게 해를 끼치지 않는다고 생각하면서, 나에 대해 많은 욕을 퍼부었으니, 그에 관해 내가 이제 말씀드리겠습니다. 특히, 그는 스트라토클레스와 내가 상속관련 소송을 시작하면서 공모를 했다고 합니다. 그런 소송을 준비하던 사람 가운데서 우리만이 유일하게 그런 상호 공조가 불가능한 사람들이었는데도 말입니
21 다. 에우불리데스(II)의 딸과 하그니아스(II)의 어머니(즉 스트라티오스 II의 누이)는 나를 상대로 한 소송에서, 같은 근거 위에 권리를 주장한 것이 아니었기 때문에, 공조할 만한 이유가 있다고도 하겠습니다. 만일 그들 중 한 쪽이 승소하면 패소한 쪽에 한 몫을 주기로 말입니다. 그들 중 각각에게 주어지는 표는 다른 항아리로 들어가기 때문입니다. 그러나 우리의 경우는 아주 다릅니다. 우리는 같은 인척관계에 있으며 두 가지 다른 주장, 즉 각기 재산을 반씩 가지려 했습니다. 그리고 양측 권리 청구인이 같은 근거로 권리를 주장할 때는, 항아리 한 개를 사용해서 한 편은 승소하고 다른 편은 패소하도록 하는 것이 아니라, 양측이 같은 위험부담을 지고 있어서 우리는 상속에 관해 모종의 약정을 맺을 수가 없
22 게 됩니다. 그러나 재산을 반씩 청구하기 위해 우리 각각이 제기한 소송이 진행되기 전에 스트라토클레스가 죽고 더 이상 그가 재산 분할에 참여할 수 없게 되었으며 또 그의 자식인 이 아이도 법에 따라 더 이상 청구권을 갖지 못하게 되었으므로, 만일 내가 현재 재산을 가지고 있는 사람들에게 승소한다면, 상속의 전 재산이 근친인 내게 넘어오게 된 가운데, 내 소송 상대인은 그제야 비로소 여러분을 쉽게 호도할 수 있다고 생각하고는, 이런 말들

을 날조해냈던 것입니다. 그들이 말한 것과 같은 것은 일어날 수 없었고, 이에 관련된 모든 것이 미리 예정되어 있었다는 사실은 법률에 의해 쉽게 증명됩니다. 법률을 들고 읽어주십시오.

법률

여러분이 보기에, 법률이 상호 합의의 여지를 허용하는 것으로 23
보입니까? 아니면, 사전 합의가 있었다 하더라도 법률에 의해 당사자는 각기 자신의 몫을 위해 소송을 제기하게 되어있고, 또 양측이 같은 근거 위에 서로의 권리를 주장할 때는 투표 항아리 한 개를 사용하도록 규정하며 검증유증의 체제를 이런 식으로 만들어놓았으므로, 담합의 여지는 없는 것이 아니겠습니까? 그러나 내 소송 상대인은, 이런 법률 규정이 있고 또 그런 사전 합의가 불가능한 상황에도 불구하고, 무례하게도 모든 상식에 어긋나는
이런 거짓말을 고안해냈습니다. 더구나 그런 정도로 그친 것이 24
아니라, 가능한 최대의 이치에 닿지 않는 말을 지어냈으니, 여러분, 그에 대해 여러분의 주의를 구합니다. 그가 말하기를, 만일 내가 현재 재산을 점유한 자에 대해 승소하면, 이 아이에게 상속재산의 반을 주기로 약속했다고 합니다. 그러나 내 소송상대인이 주장하는 것처럼, 만일 이 아이가 그 인척관계로 인해 상속권이 있다면, 나와 그들 사이에 무슨 담합을 할 필요가 있습니까? 그들의 말이 사실이라면, 내 경우와 같이 그들도 재산의 반을 검증유

25 증 받으면 되는 것입니다. 그렇지 않고, 만일 그들이 친족권에 의한 청구권을 가지고 있지 않다면, 법률에 따라 전 재산 상속권이 내게 속하는데, 그들에게 한 몫을 주기 위해 누구와 합의를 한단 말입니까? 그들의 허락 없이 내 청구권을 주장하는 것이 불가능했겠습니까? 그러나 법률이 청구권을 주장하는 사람에게 완전한 권한을 주고 있으므로, 그들은 그런 말을 할 수가 없습니다. 그러면 그들이 내 문제와 관련하여 어떤 증거를 가지고 있어서, 그것이 없으면 내가 검증유증 받은 재산을 지킬 수가 없게 될까요? 그러나 나는 증언이 아니라 친족관계에 의해 권리를 주장했으므로,
26 증인을 필요로 하지 않습니다. 그리고 내가 스트라토클레스 생시에 그와 합의하는 것이 불가능했다면, 그리고 그는 한 번도 검증유증 받은 적이 없으므로 그의 아버지가 재산을 그에게 물려주지 않은 것이라면, 또 내가 재산의 반을 이 아이에게 주기로 약속을 했다는 것이 불가능한 것으로 보인다면, 그리고 여러분이 검증유증 판결을 통해 내게 재산을 주었고 또 내 소송상대인이 당시 아무런 소송도 제기하지 않았고 재산을 가지고 왈가왈부할 엄두도 낸 적이 없으므로, 어떻게 여러분이 그들이 주장이 진실한 것으로 믿을 수 있겠습니까? 여러분은 그렇게 믿을 수가 없을 것으로 나는 생각합니다.

27 그 당시 재산의 반을 요구하는 소송을 내 소송상대인이 제기하지 않은 사실에 대해 여러분이 당연히 의아해하는 것을 보고는,

그들은 주장하기를, 자신이 상대방에게 소송을 제기하지 않은 것이 나 때문이라고 합니다. 내가 그들에게 재산 일부를 주기로 약속을 했으므로 필요한 공탁금을 자신들이 제공하지 않았다는 것입니다. 다른 한편, 내 소송상대인은 주장하기를, 법률에 고아가 자신의 후견인에게 소송을 제기하지 못하도록 하고 있으므로, 그 때문에 그들이 내게 소송을 제기하지 못했다고 하는 것입니다.
이 두 가지 주장은 다 거짓입니다. 소송상대인은 이 아이를 위해 28
서 내게 (사적) 소송을 제기하지 못하도록 하는 법률을 지적할 수 가 없기 때문입니다. 어떤 법도 그런 것을 금지하지 않습니다. 반대로 법은 나를 상대로 한 '공적 기소graphai'를 할 수가 있도록 하듯이, 나와 이 아이에게 재판dikai을 신청할 수 있는 가능성을 열어 줍니다. 또 그들이 재산을 점유하고 있는 사람들에 대해 소송을 제기하지 않은 것은 내가 그들에게 재산의 일부를 준다고 약속을 했기 때문이 아니라 그들이 이 재물에 대한 권한이 전혀 없기 때
문입니다. 내가 확신하는 것은, 재판소의 검증유증 판결에 의해 29
재산의 반을 이 아이가 내게서 받아가는 데 내가 동의 했다고 하더라도 그들이 이런 합의를 실천하지 못했을 것이고 그렇게 하려고 하지도 않았을 것이라는 사실입니다. 그들이 잘 알고 있는 것은, 만일 인정되는 친족범위에 속하지 않으면서 자신의 것이 아닌 재산을 가지게 된다면 근친에 의해 쉽게 빼앗기게 된다는 것입니다. 내가 앞에서 말했듯이, 법률에 따르면 근친으로서의 권

한은 우리 다음의 아이들에게는 주어지지 않고, 망자의 모계 친
30 족으로 넘어갑니다. 그에 대해 하그니아스의 형제 글라우콘[82]이
나설 것이며, 그 앞에서 그들은 더 가까운 친족임을 내세울 수가
없습니다. 오히려 그들은 인정되는 친족의 범위에 속하지 않는다
는 것이 드러날 것입니다. 만일 클라우콘이 나서려하지 않는다
면, 하그니아스와 클라우콘의 어머니가 나섰을 것입니다. 그녀는
자신의 아들에 대한 친족권을 가지고 있기 때문입니다.[83] 그래서
만일 그녀가 근친으로서의 권한이 없는 사람에게 소송을 걸면,
분명히 여러분에 의해 재산의 반을 검증유증 받게 되었을 것입니
다. 정의와 법률이 그녀에게 권한을 주기 때문입니다. 이런 이유
31 때문에 내 소송상대인이 소송을 제기하지 않은 것이지 나나 법률
때문에 못한 것이 아닙니다. 나나 법률을 탓하는 것은 나를 상대
로 한 성가신 소송을 걸기 위해 만들어낸 핑계인 동시에, 내게 대
해 공적 고소graphe를 제기하고 나를 비방함으로써 그는 재물을
얻고 나로부터 후견권을 빼앗아가려 하고 있습니다. 그는 이런
전략을 구사하면서 아주 현명하게 대처하는 것으로 생각합니다.
만일 그가 패소하면 아무 것도 자신의 것을 잃을 것이 없는 한편,
원하는 바를 이루게 되면 이 아이의 재산을 제재받지 않고 낭비
할 수가 있게 되기 때문입니다.

32 그러니 여러분들은 그의 주장을 귀담아듣지 마시고 그런 주장
을 하도록 허용하지도 마시고, 법이 사적 소송을 제기하도록 하

고 있는 사안에 대해 공적 소송graphai를 제기하는 관례를 남기지 마십시오. 이 사건의 정도는 아주 단순하고 이해하기 쉽습니다. 그 정도에 대해 간단하게 언급하고 여러분이 유념하도록 한 다음, 나는 나를 향한 비난에 대한 나머지 해명을 하도록 하겠습니다. 이 사건의 정도는 무엇이며, 내가 그것을 무엇이라 정의 하겠 33
습니까? 만일 하그니아스의 재산 일부가 친족권에 의해 이 아이에게 속한다고 내 소송 상대인이 주장한다면, 그 반에 대한 청구권 소송을 관리 앞으로 제기하라고 하십시오. 그리고 만일 여러분이 그에게 승소판결 한다면, 그로 하여금 그것을 갖도록 하시지오. 법이 그렇게 규정하고 있기 때문입니다. 그러나 만일 그가 이런 방식으로 청구하지 않고, 그가, 그의 말에 일말의 진실도 없다고 내가 반박을 하는데도 불구하고, 내가 이 아이에게 한 몫을 주기로 동의했다고 주장 한다면, 그로 하여금 소송을 제기하도록 하십시오. 그리고 내가 그런 약속을 했다는 사실을 그가 증명할 수 있다면, 그렇게 시행하도록 하시지오. 그렇게 하는 것이 정도이기 때문입니다. 그러나 이 아이가 법적으로 나에게서 재산의 34
일부를 청구하거나 계약 위반으로 나를 고소할 수 없다고 그가 주장한다면, 그런 것을 금지하는 법조문을 대라고 하십시오. 만일 그가 그런 법조문을 댈 수 있다면, 그렇게 이 아이가 재산의 일부를 갖도록 하십시오. 또 만일 그가 재산의 반을 검증유증 받거나 나와 법적으로 다툴 필요가 없고 이미 그 몫이 이 아이에게

속한 것이라고 주장한다면, 그로 하여금 고아의 재산 차지 관련
건으로 관리에게 고소장을 제출하도록 하시고, 그 재산의 차지인
으로 하여금 아이에게 속한 몫을 나에게서 가져가도록 하시지오.
35 이렇게 하는 것이 참된 정도입니다. 법이 규정하고 있는 바에 따
르면, 제우스의 이름을 걸고, 사적 소송 건을 공적 기소 건으로
나를 연루시킬 수가 없고, 또 재산을 점유하고 있는 사람들에 대
한 재판에서 내가 승소했을 때 여러분의 판결에 의해 받는 재산
을 이 아이와 나누어갖기를 거부한다고 해서 내 자신이 위험에
노출되는 일도 없을 것입니다. 만일 내가 이 아이의 것으로 생각
되는 재산을 차지하고는 남용하여 이 아이가 손해를 보게 했다
면, 그가 내게 공적 소송$_{\text{graphai}}$를 제기하는 것이 합당하나, 내 자
신의 것에 대한 것일 때는, 제우스의 이름을 걸고, 그런 것이 당
치 않습니다.

36 내 소송상대인은 이 점에서도 정당하게 행하지 않았고, 다른
점에서도 진실을 말하지 않았습니다. 오히려 욕심으로 모든 것을
맹랑하게 꾸며내서는 비방을 하고 법률을 왜곡하고 정의에 반하
여 당신과 나를 호도하려 하고 있습니다. 이 모든 것을, 신들의
이름을 걸고 내가 생각건대, 여러분은 모르지 않고 다 같이 알고
있을 것입니다. 그러니 무슨 말을 더 해야할 것인지 알지 못하겠
습니다.

37 내가 보기에, 여러분, 그의 말 대부분이 나와 이 아이의 재산에

관한 것입니다. 그는 이 아이의 처지가 궁핍하다고 하고 나를 부자라고 하면서, 내가, 그의 말에 따르면, 이 아이의 재산을 자기 고 있으면서도, 스트라토클레스의 네 딸들 중 한 사람에게도 지참금을 주려 하지 않았다고 비난합니다. 나는 이 점에 대해서도
말씀을 드려야 하겠습니다. 이런 말을 통해 그는, 내게 돌아온 재 38
산에 관련하여 나에 대해서는 편견을, 그리고 이 아이에 대해서는 이들을 가난해진 것으로 포장함으로써, 연민을 조장하려 하기 때문입니다. 그러니, 여러분은 이 점에 대해 관해 잘 모르면 안 되고, 정확한 지식을 가짐으로써, 내 소송상대인이 다른 모든 사안에서도 거짓말을 하듯이 여기서도 거짓말 하고 있음을 알게 될 것입니다. 여러분, 만일 스트라토클레스가 죽을 때 그 처지가 궁핍했고, 또 내가 유목한 데도 그 아이들을 돌보지 않은 사실이 증명된다면, 나는 가장 비열한 사람이 될 것이라는 점을 인정합니
다. 그러나 만일 그가 내 것보다 더 많고 확실한 재산을 그 아이 39
들에게 남겼고 또 그 딸들에게 적절하게 배려하고도 그 아들의 재산을 크게 축 내지 않을 수가 있었다면, 또 만일 내가 재산을 잘 경영하여 크게 불린 것이라면, 내가 내 재산까지 그들에게 더 건네주지 않는다고 해서 비난받을 일은 없습니다. 오히려 재산을 잘 보관하고 불린 것에 대해 칭찬을 받아야 합니다. 사실이 그러
함을 내가 쉽게 증명해 보이겠습니다. 그러면, 첫째, 재산에 관해 40
여러분에게 상술하고 다음에는 이 아이에 관한 것을 관리해온 것

에 대해 말씀드리겠습니다.

스트라토클레스와 나는 살아가는 데 필요한 만큼의 재산을 물려받았으나 공공비용을 감당할 정도의 것은 아니었습니다. 그 한 증거로서, 우리 각각은 아내의 지참금으로 20므나를 받았을 뿐이
41 라, 그런 작은 지참금으로는 남편이 부자가 될 수 없습니다. 그런데, 스트라토클레스가 2.5탈란톤의 재산을 불리게 되었습니다. 그 아내의 형제인 테오폰이 죽으면서 스트라토클레스의 딸들 중 한 명을 양녀로 취하여 그 재산을 물려주었기 때문입니다. 그것은 엘레우시스의 2 탈란톤 가치의 토지, 양 6십 마리, 염소 1백 마리, 가구, 그가 기병대장으로 있을 때 탔던 멋진 말 한 필, 그 외
42 모든 가재도구들이었습니다. 이 재산을 온통 9년을 관리하면서, 스트라토클레스는 그 딸에게 테오폰이 남긴 재산을 빼고 자신이 물려받은 재산만 계산하여 5탈란톤 3천 드라크메의 재산을 남겼습니다. 그 재산은 드리아에 있는 2.5탈란톤 가치의 토지, 3백 드라크메 가치의 펠리테에 있는 집, 5백 드라크메 값어치의 엘레우시스에 있는 또 다른 집 하나입니다. 이것이 그의 재산인데, 그 중 토지는 12므나, 집들은 3므나에 임대하여 총 15므나가 됩니다. 거기다 4천 드라크메 정도를 대출하여, 달마다 9오볼을 거두
43 어들이므로, 해마다 7백2십 드라크메의 수입이 있습니다. 이렇게 그는 총 수입이 2십 므나가 넘습니다. 그 외에도 그는가구, 양, 보리, 초도주, 과일 등이 있어서 그 모든 것을 팔아서 4천9백 드라

크메를 남겼고, 그 외 집 안에 9백 드라크메가 있었습니다. 이 아이의 어머니의 것에 더하여 또 이자 없이 대출된 돈이 들어와서 거의 1천 드라크메에 달하는 돈이 재산목록에 포함되었습니다. 그 외 유증되었으나 내 소송상대인이 공개하지 않은 재산은 포함하지 않고 가시적인 것과 그들이 밝힌 것만 언급을 하겠습니다. 이러 내 진술에 대한 증인을 불러주십시오.

증인

스트라토클레스의 재산은 이보다 더 많습니다. 그러나 나는 나 44
중에 내 소송상대인의 횡령에 대해 말씀드리겠습니다. 내 재산은 얼마나 되겠습니까? 나는 오이노에에 5천 드라크메 상당, 프로스팔타에 3천 드라크메 상당의 토지가 있고, 아테네에 2천 드라크메 상당의 집 한 채가 있습니다. 여기에 하그니아스에 의해 남겨진 재산이 더해지는데, 이것은 2탈란톤 정도로 그 이상은 아닌 것으로 나는 확신합니다. 이 모든 것을 합치면, 3탈란톤 4천 드라크메가 되는데, 이것은 이 아이가 가진 재산보다 1백1십 므나가
적은 것입니다. 이 안에는 다른 집안에 양자로 들어가있는 내 아 45
들의 재산이 포함된 것이며, 반면 이 아이의 재산을 계산한 데에는 테오폰이 이아이의 누이를 양녀로 들일 때 남겨준 2.5탈란톤의 재산을 나는 포함시키지 않았습니다. 왜냐하면, 그들 집안의 재산은 쉬 계산할 수 있는 것으로 8탈란톤에 이르나, 테오폰에

의해 주어진 돈은 따로 계산되기 때문입니다. 나의 입장으로 말하면, 하그니아스의 재산이 아직 내게로 들어오지 않고 있습니

46 다. 위증재판이 아직 진행 중에 있고, 법률에 따르면, 위증죄에 연루되면 재산 청구소송이 다시 이루어져야 하도록 되어 있기 때문입니다. 다른 한편, 스트라토클레스에 의해 이 아이에게 유증된 재산에 대해서는 이의가 제기되지 않았습니다. 다른 가문에 양자로 들어간 내 아들의 것까지 포함하여 내 재산이 이만큼하고, 또 하그니아스 재산 관련 위증 소송이 아직 진행 중에 있음을 증명하기 위해 이 증언을 들고 읽어주십시오.

증언

47 양측 각각의 재산 이이에 차이가 사소한 것입니까? 아니면 그 차이가 커서 나의 것이 이 아이의 것에 비하여 아무 것도 아닌 것이겠습니까? 그러니 이렇게 많은 재산이 이 아이에게 상속되었는데도 나를 욕하기 위해 감히 이런 거짓말을 해대는 내 소송상대인의 말을 어떻게 믿을 수가 있습니까? 그의 계산에 따르면, 내가 세 가지 유산을 상속받고 많은 재물을 향유하나 가능한 한 여러분이 그로부터 득을 보지 못하도록 내가 그것을 숨긴다는 것입니다. 분쟁 사안에 대해 정당한 권리 주장을 하지 못하는 사람들이 자신의 소송상대인을 중상함에 의해서 득을 보는 그런 논리를 펴

48 게 됩니다. 그러나 여러분 모두가 바로 내 아내의 형제들, 즉 카

이렐레오스와 마카르타토스가 공공비용을 부담한 사람들이 아니라 빈약한 재산을 가진 사람들에게 속한다는 사실에 대한 증인들입니다. 마카르타토스가 자신의 토지를 팔아서 삼단노선을 사서 선원들을 채워서 크레테로 항해해간 사실을 여러분은 알고 있지요. 이 사건은 비밀이 아니고, 민회에서 논의의 대상이 되기까지 했습니다. 혹 그가 라케다이몬 인과 우리 사이에 평화가 아니라 전쟁을 야기할 지도 모른다는 우려 때문이었지요. 카이렐레오 49
스는 프로스팔타에 재산을 남겼는데, 그것은 3십 므나를 넘지 않는 것입니다. 이 재산을 남긴 그 형제는 마카르타토스보다 먼저 죽었고, 그 후 마카르타토스가 모든 재산을 지참한 채 항해 길에 나섰다가 죽었던 것입니다. 그는 삼단노선 및 그 외 모든 재산과 함께 그 목숨을 잃었습니다. 프로스팔타에 있던 재산은 그대로 남겨져 그들의 누이, 즉 내 아내의 것이 되었고, 나는 그녀의 권고에 따라, 우리 아들 가운데 한 명을 마카르타토스 가문에 양자로 들이게 되었습니다. 내 목적은 이 재산을 더함으로써 초래될 공공의무 수행을 회피하려는 것이 아니었습니다. 실로 나는 그 50
전보다 못하지 않게 공공의무를 완수했고 또 전쟁세를 지불하고 나라에 의해 부과되는 모든 의무를 수행하는 사람에 속했으므로, 내 아들을 양자로 내친다고 해도 크게 달라질 것이 없었습니다. 그러나 내 소송상대인은, 나를 부자이지만 무익한 시민인 것으로 간주하면서, 이런 말로 나를 비방하고 있습니다. 무엇보다 중요한 것으로써, 여러분에게 정당한 것으로 보일 것이라고 내가 믿는 한 가지 요점으로 사건을 정리하겠습니다. 나는 내 전 재산을 이 아이의 것과 합쳐서 우리 각각이 전체 액수의 반씩을 갖도록 하자는 것이지요. 그것이 많든 적든 어느 쪽도 적정량 이상의 것을 갖지 못하도록 하는 것이지요. 그러나 내 소송상대인은 절대로 이 제안에 동의하지 않을 것입니다. …

(이하 소실)

XII
에우필레토스를 위하여

사건개요

이 변론은 그런대로 전문이 남아 전하는 아시이오스의 변론문 가운데 상속권이 아니라 유일하게 시민권 부여 여부에 관한 것이다.

에우필레토스는 촌락(데모스)의 명부에서 제명당한 다음, 촌락인(데모타이) 을 상대로 재판소에 소송을 제기했다. 이 소송이 있기 전에 두 명의 중재인을 통한 중재가 있었다.

변론의 화자는 제명당한 당사자가 아니라 그의 이복 형제이다. 그는 에우필레토스가 자신의 아버지와 계모 사이에서 난 적자라는 사실을 증명하기 위해 증인들을 동원하고, 제명은 불법적이며 사적 원한에 의한 음모에 의한 것이라는 점을 강조한다.

논점

에르키아 촌(데모스)가 그 촌락의 한 사람에 의해 법정에 소환되었다. 그는 그 촌의 투표에 의해 권리를 상실했으므로 부당하게 참정권을 빼앗긴 것으로 고소를 한 것이다. 아테네 인의 법에는 촌락 별로 시민들을 조사하여 촌락에 의해 권한을 박탈당한 사람은 참정권을 갖지 못하도록 했다. 그러나 부당하게 쫓겨난 사람은 촌락의 사람들이 모인 법정에 진정할 권한을 가진다. 그리고 다시 거부되면 당사자는 팔리고 그 재산은 몰수된다. 법에 따라, 에우필레토스는 에르키아 촌의 사람들을 소환하고, 그들이 자신을 부당하게 축출했다는 이유로 이 재판을 성립시켰다. 사실은 이미 상세하게 언급되었고, 증인들에 의해 확인되었다. 다음 문장은 변론인이 증거를 확인하려는 것으로, 내가 보기에, 적절하게 작성된 것 같으나, 내 판단이 옳은지는 독자 스스로 판단할 일이다.

본문

여러분, 여러분은 여기 에우필레토스가 우리 형제라는 사실에 1
대해 우리 뿐 아니라 우리 친척들이 한 증언을 들으셨습니다. 그러면, 첫째, 무엇 때문에 우리 아버지가 거짓말을 하고 자신의 아

2 들이 아닌 사람을 입적했겠습니까? 그렇게 하는 모든 사람들은
적자가 없거나 가난 때문에 다른 사람을 입양하여 그 도움을 받
으려는 것입니다. 양자가 된 사람들은 아테네 인이 된 데에 대해
감사하기 때문이지요. 우리 아버지는 이런 두 가지 동기 중 어느
것과도 연관이 없습니다. 그는 우리 두 적자를 가지고 있었으므
로, 상속자가 없어서 에우필레토스를 양자로 택한 것이 아닙니
3 다. 또 물질이 부족하여 에우필레토스에게서 받으려 한 것도 아
닙니다. 그는 충분한 재물을 가지고 있었고, 또 그는 에우필레토
스가 어릴 적부터 키웠고 교육을 시켜, 형제단에게 소개를 했으
니, 이 모든 것이 상당한 비용이 들어가는 것으로, 이런 사실에
대한 증거가 이미 여러분에게 제시되었습니다. 그러니, 여러분,
우리 아버지가 이득을 볼 것도 없는 것에 대해 교활한 범죄를 짓
4 는다는 것은 있을 수 없는 일입니다. 또, 나나 다른 누구라도, 상
속자가 많아지면 부계 재산을 나누어가져야 하는데 에우필레토
스를 위해 거짓 증언을 할 만큼 완전히 정신이 나가지는 않을 것
입니다. 이후로 나는 에우필레토스가 내 형제가 아니라고 진정을
하지 못할 테니까요. 이후 그가 내 형제라고 증언해놓고 법에 의
한 벌을 감수하며 내가 한 주장을 공공연히 뒤집는다면, 여러분
가운데 아무도 내 말에 잠시라 하더라도 귀 기울이지 않을 것이
5 기 때문입니다. 이렇게, 재판관 여러분, 당연히 나는 진실한 증거
를 제시했으며 다른 친척들도 마찬가지입니다. 생각해보십시오.

먼저, 우리 누이들의 남편들이 에우필레토스를 위해 거짓 증언을 절대로 하지 않습니다. 그의 어머니가 우리 누이들의 계모가 될 것이며, 계모와 그 전 혼인에서 난 딸들 사이에는 대개 불화가 있게 마련이지요. 게다가, 만일 계모가 우리 아버지가 아니라 다른 남자의 자식을 낳았다면, 우리 누이들이 그 남편들로 하여금 절대로 에우필레토스를 위해 증언하도록 내버려두지 않았을 것이기 때문입니다. 또, 만일 우리가 남인 에우필레토스를 우리 형제 6
로 집안에 들이려 한다면, 모계이며 에우필레토스와 친족관계가 없는 우리 아저씨는, 재판관 여러분, 에우필레토스의 어머니를 위하여 우리의 이익을 명백히 해치는 증거를 내놓는데 절대 동의하지 않았을 것입니다. 그런데 여러분, 여러분 가운데 누가 어떻게 여기 데마라토스와 헤게몬, 니코스트라토스를 위증으로 유죄판결을 할 수 있단 말입니까? 이들은 무엇보다 비열한 행위를 한 적이 없으며, 둘째, 우리 친척이며 우리 모두를 잘 알고 있으면서
각각이 에우필레토스와의 관계를 입증한 것입니다. 그러니, 우리 7
소송상대인들 가운데 가장 존경하는 이로부터 듣고 싶은 것은, 자신이 아테네 인이라는 것을 증명하기 위해서는 우리가 에우필레토스를 위해 내놓은 증거 이외에 어떤 자료를 더 내놓을 수 있는지 하는 것입니다. 그의 어머니가 도시여인$_{aste}$이며 정식 결혼을 했고, 그 아버지는 도시인$_{astos}$이라는 것, 그리고 그의 말이 진실이라는 것을 친척들로 하여금 증언하게 하는 것 이외에 다른

8 근거를 제시할 것이 있다고는 생각하지 않습니다. 그 다음으로,
재판관 여러분, 재판의 대상이 우리 소송상대인이었다면, 그들은
소송상대인보다 자신들의 친척들이 제시하는 증거를 믿어달라
고 여러분에게 요구했을 것입니다. 우리가 이 모든 증거들을 제
시한 지금, 그들은 에우필레토스의 아버지, 나, 내 형제, 그리고
형제단과 우리 모든 친척들 보다 그들이 한 말을 여러분이 믿어
야 한다고 요구할 것인가요? 더구나, 우리 소송상대인은 스스로
위험부담이 없는 가운데 사적 악의에 의해 행동하나, 우리는 증
거를 제출할 때 법에 의한 벌을 받을 위험에 노출되어 있습니다.
9 증언 이외에도, 재판관 여러분, 첫째, 우리 소송상대인에 의해서
도 도시여인aste으로 인정받은 에우필레토스의 어머니는 중재인
들 앞에서 자발적으로, 여기 에우필레토스가 그녀 자신과 우리
아버지 사이에서 난 자식이라는 것을 델피니온[84] 신전에서 맹서
했습니다. 누가 그녀 자신보다 더 잘 알겠습니까? 둘째, 재판관
여러분, 그 어머니를 제외하고는 당연히 자신의 아들을 누구보다
잘 알아볼 수 있는 우리 아버지가 그 전에도 그랬고 지금도 여기
에우필레토스가 도시여인aste이며 정식 결혼한 여인gamete을 어머
10 니에 의해 태어난 자신의 아들이라는 것을 맹서하려 합니다. 그
외에도, 재판관 여러분, 내가 이미 말했듯이, 내가 열세 살 나던
해 그가 태어났으며, 에우필레토스가 같은 아버지를 둔 내 형제
라는 것을 맹서할 수 있습니다. 재판관 여러분, 여러분은 우리의

맹서가 우리 소송상대인의 진술보다 더 신빙성이 있다고 보신다면 정당한 것입니다. 모든 사실을 알고있는 우리는 에우필레토스에 관해 맹서할 수 있으나, 그들은 에우필레토스의 적들로부터
들은 말을 반복하거나 자신이 날조한 말을 할 뿐입니다. 더구나, 11
재판관 여러분, 우리는 중재인들 앞에서도 그랬듯이 여러분이 믿지 못할 하등의 이유가 없는 우리 친척들을 여러분 앞에 증인으로 모십니다. 반면, 우리 소송상대인은, 에우필레토스가 전번 소송을 촌락(데모스) 공동체와 지금은 죽었으나 그 때 촌장으로 있던 사람 앞으로 냈을 때, 이 소송이 중재인들 앞에서 2년 동안 계류중이었으나, 에우필레토스가 우리 아버지가 아닌 어떤 다른이의 아들이라는 증거를 하나도 찾을 수가 없었습니다. 중재인들의 의견에 따르면, 이것은 우리 소송상대인이 거짓말을 하고 있다는 증거였으며, 중재인들은 두명 다 그들에게 불리한 결론을 내렸습니다. 전 번 중재에 대한 증언을 받으십시오.

증언

여러분은 중재인들 앞에서 벌어진 소송에서 내 소송상대인이 12
패소했음을 들으셨습니다. 재판관 여러분, 만일 중재인들이 그들에게 유리한 결정을 내렸다면, 그들은 이것이야말로 에우필레토스가 헤게시포스의 아들이 아니라는 중요한 증거가 된다고 떠들었을 것이니, 똑같이 지금 나는 우리 주장의 진실성에 강한 증거

로서 다음의 사실에 주의를 기울이시기를 청합니다. 즉, 에우필레토스는 아테네 인이며 이미 합법적으로 등록되었으나 그 후 이들이 그 이름을 지움으로서 내 소송상대인들이 에우필레토스를 해쳤다고 중재인들이 생각한 것입니다. 재판관 여러분, 여러분은 여기 에우필레토스가 우리의 형제이며, 여러분의 동료시민이라는 것, 그리고 그가 촌(데모스) 안의 그의 반대자들에 의해 부당하게 피해를 입었다는 사실을 확실할 만큼 충분히 들으셨을 것으로 나는 생각합니다.

본문이 전하지 않은 변론문의 제목들

* 디오니소스 할리카르나소스의 저서에 이소크라테스의 사라져버린 변론문 제목이 나오며, 그 외 사전 편찬가들lexikographoi의 저서에도 그와 관련된 짧은 문구들이 소개되어 있다. 다음의 변론문 제목은 그것을 소개한 것인데, 영문으로 표기했을 때의 알파벳 순서로 나열한 것이며, 그 순서를 따라 한글로 변역했음을 밝힌다.

* 다음의 변론문 제목 끝에 달린 주註에는 그 원전을 소개하고 있고, 괄호 안에 적은 단편의 번호는 책 바로 다음 부분에 소개되는 단편의 번호이다.

I. 하그노테오스에 반대하여[85)]

II. 도주에 대한 변명에서 아폴로도로스에 반대하여[86)]

III. 판결에 관하여[87)]

IV. 아르케폴리스의 재산에 관하여 아리스토게이톤과 아르키포스에 반

대하며[88]

V. 아리스토클레스에 반대하여[89]

VI. 아리스토마코스에 반대하여[90]

VII. 촌락인[데모타이]의 결정에 대한 탄원에서 보이오토스에 반대하여[91]

VIII. 토지에 관해 촌락인(데모타이)에 반대하며[92]

IX. 디오클레스의 오만을 비난하며[93]

X. 재산문제에서 디오클레스에 반대하며[94]

XI. 후견권에 대한 변명에 관련하여 디오파네스에 반대하며[95]

XII. 축출에 관련하여 도로케오스에 반대하여며[96]

XIII. 엘파고라스와 데모파네스에 반대하여[97]

XIV. 에피크라테스에 반대하여[98]

XV. 보증에 관련하여 헤르몬에 반대하며[99]

XVI. 토지반환에 관련하여 에우클레이데스에 반대하여[100]

XVII. 소크라테스 학파의 에우클레이데스에 반대하여[101]

XVIII. 해방인의 자유를 옹호하며 에우마테스를 위하여[102]

XIX. 투티모스에 반대하여[103]

XX. 이스코마코스에 반대하여[104]

XXI. 칼리크라테스에 반대하여[105]

XXIII. 칼리폰에 반대하여[106]

XXIV. 칼리돈에 반대하여[107]

XXV. 클레오메돈을 비난하며[108]

XXVI. 상속녀 관련에서 리시비오스에 반대하여[109)]

XXVII. 마케도니아에서 행해진 연설에 관하여[110)]

XXVIII. 메가라 인을 비난하며[111)]

XXIX. 토지에 관하여 메돈에 반대하며[112)]

XXX. 메네크라테스에 반대하여[113)]

XXXI. 거류외인에 관하여[114)]

XXXII. 므네시테오스의 딸을 위하여[115)]

XXXIII. 니키아스를 위하여[116)]

XXXIV. 토지에 관련하여 니코클레스 (혹은 네오클레스)에 반대하며[117)]

XXXV. 제사공동체 성원에 반대하여[118)]

XXXVI. 양자에 관하여[119)]

XXXVII. 포세이디포스에 반대하여[120)]

XXXVIII. 도주에 관련하여 피톤에 반대하며[121)]

XXXIX. 무남상속녀를 위하여 사티로스에 반대하며[122)]

XL. 스트라토클레스에 반대하여[123)]

XLI. 스트라토클레스에 반대하여[124)]

XLII. 성역에서[125)]

XLIII. 토지에 관련하여 티모니데스에 반대하며[126)]

XLIV. 반대증언으로 클레폴레모스에 반대하며[127)]

단편들

* 다음에서 아라비아 숫자는 앞부분에서 알파벳 순서로 나열한 변론문의 번호와 같은 것이며, 아라비아 숫자는 단편들의 순서를 나타낸 것이다. [Th.]의 숫자는 다른 판본(Th. Thalheim ed.)에 사용된 순서의 번호를 참고로 소개한 것이다.

* 아래 단편 33 이하는 변론문의 제목이 밝혀지지 않은 것들이다.

I. 하그노테우스에 반대하여[128] [Th. 22]

재판관 여러분, 나는 하그노테우스가 돈에 관련된 문제에 그렇게 비루한 애착에 연연하여, 남의 재산을 탐하고 지금과 같은 소송을 거는 일이 없었으면 합니다. 그가 내 조카이고 또 공공임무를 부담하기에 충분하고 우리가 그에게 넘겨준 상당한 재산[129]을 소유하고 있기 때문에, 그가 내 재산을 넘보지 말고 자신의 재산을 잘 관리하여, 그 부를 보존함으로써 더 좋은 평판을 얻을 수 있으며 그것을 증식시킴으로써 여러분에게 더 유용한 시민이 될 것입니다. 그러나 그가 낭비하고 팔아먹고 또 수치스럽고 사악하게 그것을 없애버리고는, 이런 행동을 나보다 더 애통해하는 사람이 없습니다만, 지금 그는 그의 동료집단hetaireia을 믿고 속임수를 써서 내 재산을 노리고 있으므로, 내가 그런 사람을 친척으로 가진 것이 불행이라고 여기며, 그가 하는 비난과 완전히 엉뚱한 중상모략에 대해 내 혼신을 다하여 여러분 앞에서 항변하는 것 이외에는 다른 수가 없는 것 같습니다.

Ⅱ. 하그노테우스에 반대하여[130] [Th. 23]

신의 이름을 걸고 언급된 것들을 어떤 근거로 믿습니까? 증인이 있기 때문이 아닙니까? 나는 그렇다고 봅니다. 그런데 증인은 어떻게 믿습니까? 심문이 고문 하에 이루어지므로 믿는 것이 아닙니까? 그렇습니다. 왜 내 소송상대인의 이야기를 믿지 않습니까? 그들이 심문을 피하려 하기 때문이 아닌지요? 당연히 그렇습니다. 내가 소송을 제기하고 고문을 통한 심문으로 문제를 해결하려 하나, 내 소송상대인은 유일한 목표가 승소하는 것에 있는 사람처럼, 이것을 중상과 모략의 기회로 삼습니다. 그가 조금이라도 정의를 생각하고 또 여러분을 호도하려 하지 않았다면, 제우스의 이름을 걸고 이와 같이 하는 것이 아니라 증인를 통해 논리를 전개하고 언급한 모든 사안을 검증하면서, 내게 다음과 같이 물었어야만 했을 것입니다. 세금이 얼마라고 생각합니까? 이만큼. 어떤 근거로 그러합니까? 어떤 근거의 내역으로 그만큼 내야 하나요? 이러 저러한 근거로. 어떤 조령에 근거한 것이지요? 이러한 조령들. 누가 그것을 수납했지요? 이 사람들. 그는 이런 식으로 내 증거를 검토 했어야 합니다. 즉 조령, 기부자의 수, 지불된 금액, 수납자들. 그리고 모든 것이 정확하면 내 말을 믿는 것이고, 그렇지 않으면 내가 제시된 내용에 있는 거짓에 대해 지금 증인을 대야 합니다.

Ⅲ. 아르케폴리스의 재산에 관하여 아리스토게이톤과 아르키포스에 반대하며[131] [Th. 1]

이런 대답이 있은 다음 그들은 아르케폴리스가 렘노스에서 만들었다고 스스로 주장하는 다른 유언장을 내놓았다.

Ⅳ. 아르케폴리스의 재산에 관하여 아리스토게이톤과 아르키포스에 반대하며[132] [Th. 2]

4개의 유언장이 그들에 의해 위조되면서 …

Ⅴ. 아리스토마코스에 반대하여[133] [Th. 3]

그는 늙은이와 불구자들을 시골 전원에 남겨놓았다.

Ⅵ. 토지에 관해 촌락인(데모타이)에 반대하며[134] [Th. 4]

재판관 여러분, 나는 시민들 가운데 어떤 이에 의해 피해를 보고 싶지 않았습니다. 그것이 안 된다면 내가 전혀 싸우고 싶지 않은 소송상대를 만나는 일은 없었으면 합니다. 그런데, 가능한 최악의 상황이 발생했습니다. 내 동향인(데모타이)으로부터 피해를 보았고 그 피해를 그냥 간과할 수가 없습니다. 그들과 함께 제사도 지내고 공공 집회에도 참석하게 되므로 다투는 것이 언짢은 일이지만 말입니다. 소송상대가 패거리로 있을 때는 법적으로 방어하기가 쉽지 않습니다. 그 숫자로만 해도 그들의 진술이 상당히 일리가 있는 것처럼 보이도록 하기 때문입니다. 그렇지만, 많은 어려움이 있지만 나는 진실을 믿으므로, 움츠리지 않고 여러분에게 정의로운 판결을 얻어내려 합니다. 그러니, 약관에 법정에서 변론하려 하는 점에 대해 여러분의 양해를 구합니다. 내 본성과는 달리 이렇게 행동하도록 한 것은 나에게 피해를 준 사람들입니다. 가능한 한 간단하게 내막을 처음부터 여러분에게 말씀을 드리겠습니다.

Ⅶ. 디오클레스의 오만을 비난하며[135] [Th. 7]

내 형제와 우리 친척인 크테손은, 그가 보티노스로 떠나려할 때, 헤르몬에서 만났습니다.

Ⅷ. 재산문제에서 디오클레스에 반대하며[136] [Th. 6]

내가 여러분에게 증명하려고 하는 것은 이 재산이 이 무남상속녀epikleros에게 속하지도 않고 그 전에 속해본 적도 없으며, 오히려 메네크라테스의 아버지 리시메네스의 부계 재산의 일부였으며 리시메네스는 그 아버지의 재산 전부를 물려받았던 사실입니다.

Ⅸ. 후견권에 대한 변명에 관련하여 디오파네스에 반대하며[137] [Th. 7]

그는 일부는 그 자리에서 (지불했고), 다른 일부는 다른 사람들에게서 받도록 지시했습니다.

Ⅹ. 후견권에 대한 변명에 관련하여 디오파네스에 반대하며[138] [Th. 8]

나는 2탈란톤 3십 므나를 스스로 지불하고 나머지는 농부에게 지불되도록 했습니다.

Ⅺ. 축출에 관련하여 도로케오스에 반대하여며[139] [Th. 8]

그는 그렇게도 비열하고 맹랑한 지경에 이르렀습니다.

Ⅻ. 엘파고라스와 데모파네스에 반대하여[140] [Th. 10]

내가 듣기로, 페이라이에우스에서 돌아온 사람들은 '신디코스' 들인 것처럼 행세하여 그들에게 몰수된 재산 문제가 위임되었다고 합니다.

XIII. 에피크라테스에 반대하여[141] [Th. 10a]

나는, 재판관 여러분, 이런 증거 뿐 아니라 촌락민(데모타이) 가운데 장로였던 미로니데스가 쓴 서면증언도 제출하겠습니다.

XIV. 보증에 관련하여 헤르몬에 반대하며[142] [Th. 11]

그는 헤르모크라테스가 피해방민이며, 3십 드라크메를 지불할 때까지는 그에게 자유를 주지 않은 것이라고 주장하면서 그를 감금했습니다.

XV. 토지반환에 관련하여 에우클레이데스에 반대하여[143] [Th. 12]

헤스티아이아로 향하는 길 삼두상三頭像 조금 위쪽에 …

XVI. 토지반환에 관련하여 에우클레이데스에 반대하여[144] [Th. 13]

… 내 것이 아닐 것입니다.

XVII. 소크라테스 학파의 에우클레이데스에 반대하여[145] [Th. 14]

사람들을 구금하기 위해 제공된 돈은 제다 위에 놓여집니다.

XVIII. 해방인의 자유를 옹호하며 에우마테스를 위하여[146] [Th. 15]

재판관 여러분, 이전에 나는 여기 에우마테스를 위해 올바르게 일했습니다. 그리고 지금은 혼신을 다하여 여러분의 도움으로 그를 구하고자 합니다. 여러분은 나의 간단한 설명을 들으시고, 한 분도 내가 심술이나 다른 악의로 그의 일에 간섭해온 것이라고 생각하시지 않기 바랍니다. 내가 케피소도토스가 아르콘이던 해에 삼단노선주로 있었고 내가 해전에서 죽었다는 소식이 전해졌을 때, 내가 다소간 돈을 투자했던 여기 에우마테스는 내 친지들을 불러서 내 돈을 자기가 가지고 있다고 하고 전액을 정확하고 정직하게 건네주었습니다. 이런 그 행동 때문에 내가 살아서 돌아왔을 때 그와 더 친밀하게 되었고, 그가 은행을 차렸을 때 내가 투자를 했으며, 그후에도 디오니소스가 그를 구금했을 때 내가 그를 자유의 몸이 되도록 도왔습니다. 그가 법정의 판결로 에피게네스에 의해 해방된 사실을 내가 잘 알고 있었기 때문입니다. 이에 간해서는 더 이상 말할 것이 없습니다.

XVIII. 해방인의 자유를 옹호하며 에우마테스를 위하여[147] [Th. 16]

내가 에우마테스는 내 상속재산의 일부로서 내게 속한 예속노동자라고 주장했을 때, 크세노클레스는 에우마테스를 자유인이라고 하고 데리고 감으로써 내게 피해를 끼쳤습니다.

XVIII. 해방인의 자유를 옹호하며 에우마테스를 위하여[148] [Th. 17]

재판관 여러분, 최근의 일을 생각해보십시오. 그것은 바로 여러분 눈앞에 있기 때문이지요.

XX. 이스코마코스에 반대하여[149] [Th. 18]

1천2백 인 가운데는 리시데스라는 사람은 없습니다.

XXI. 칼리크라테스에 반대하여[150] [Th. 19]

그러나 그가 동시에 이 모든 지시를 내렸으므로 …

XXIII. 칼리폰에 반대하여[151] [Th. 20]

6백 드라크메가 33, 1/2의 이자로 …

XXIV. 칼리돈에 반대하여[152] [Th. 21]

안테모크리토스 상(像) 옆 목욕탕은 …

XXVI. 상속녀 관련에서 리시비오스에 반대하여[153] [Th.]24

그런데 이들(소송상대인)은 망자의 이름으로 이와 같은 문서를 위조하여 …

XXVI. 상속녀 관련에서 리시비오스에 반대하여[154] [Th. 25]

근친이 이 여인과 혼인해야 하고, 재산은 현재로서 여상속인에게 속해야 하나, 성년이 된 후 2년이 지난 아들이 있으면 그들이 재산을 소유하는 것입니다.

XXX. 메네크라테스에 반대하여[155] [Th. 25a]

집 주변의 땅과 집 자체는 …

XXXV. 제사공동체 성원에 반대하여[156] [Th. 26]

토지는 그늘이 지면 안 되므로 …

XXXV. 제사공동체 성원에 반대하여[157] [Th. 27]

토지의 경계표지를 없앰으로써 그들은 이 토지가 다른 이에게 속한다는 것을 보이려 했으므로 …

XLI. 스트라토클레스에 반대하여[158] [Th. 27a]

중요한 것은 …

XLI. 스트라토클레스에 반대하여[159] [Th. 27b]

그는 지정된 것보다 더 적은 제물을 바쳤습니다.

XLIV. 반대증언으로 클레폴레모스에 반대하며[160] [Th. 27c]

그가 더 많은 것을 빌려야할 필요가 없는 것 같으므로 …

제목 미상의 변론문 단편

33. [Th. 28]

어느 누구보다 더 사악한 내 소송상대인은, 그들이 우리에게 지불했다고 주장하는 사실에 대한 증인을 한 사람도 대지 못하면서도, 돈을 받지 못했다고 하는 우리의 진술보다 우리에게 지불했다고 하는 그들의 말을 여러분이 믿어야 한다고 주장하고 있습니다. 그런 모든 이가 알고 있는 것은 내 소송의뢰인의 아버지가 완전시민권을 가지고 있을 때 그를 속인 사람들은 자발적으로 우리에게 지불하려 하지 않았을 것이며 우리는 그것을 되돌려 받을 수 있는 상황에 있지 않았다는 것입니다.

34. [Th. 29]

내가 소유한 것은 저당 잡힌 것을 제외하고는 모두 국가를 위해 소비되었습니다. 그리고 만일 내가 돈을 빌리려 해도 더 이상 내게 돈을 꾸어주는 사람이 아무도 없었을 것입니다. 내가 확실하게 권한을 가지고 있으나…. 그로부터의 수입을 박탈당했습니다. 내 소송상대는 이렇게 험한 소송을 내게 걸고 재산이 자기들 것이라고 주장하면서 내가 수리를 위해 돈을 쓰는 것을 방해했습니다.

35. [Th. 30][161)]

나라에 봉사할 수 있는 최선의 공직수행은 일상생활을 정연하고 착실하게 하는 것이라고 나는 생각합니다.

36. [Th. 32][162)]

자신에게 피해를 준 사람을 벌하는 사람은 다른 사람들이 피해를 보지 않도록 방지합니다.

37. [Th. 31][163)]

통과되는 법은 엄격해야 하나, 주어지는 벌은 규정보다 더 가벼워야 합니다.

38. [Th. 33][164)]

재판을 하는 사람들 자신이 진실, 즉 아이의 건강이 양호했던 사실을 알고 있는 상황에서, 현장 증언이나 풍문을 통해 다른 사실을 알아내거나 하는 증언이 무슨 필요가 있습니까?

39. [Th. 34][165)]

그가 올 때마다, 그는 내 집에 머물렀고, 내가 갈 때마다 나는 그의 집에 머물렀습니다.

40. [Th. 35][166)]

아낙시온과 폴리아라토스의 가족으로부터 …

41. [Th. 36][167)]

나는 그를 아레오파고스 앞으로 고발했습니다.

| 후주 |

1) 그 주요 사료로는 기원전 1세기의 작가 디오니시오스 할리카르나소스의 전기 등이 있다. Cf. Dionysios Halikarnassos, Opuscula, ed. Usener-Radermacher, pp.93~94 ; Pseudo-Ploutarchos. Bioi ton Deka Rhetoron, 839 E~F.

2) Ca. 200B.C.

3) 최자영,『고대그리스법제사』(아카넷, 2007), pp.395~460 (제6장 : 가족법).

4) Nepos, V(Cimon), I.2 ; Peri ton en merei diatagmaton (De specialibus legibus), III. 22, p.303 ; Schol. Aristophanes, Nephelai. 1371 ; Dem. LVII,20 ; Plut. Them. XXXII.

5) Philon Ioudaios, Peri ton en merei diatagmaton (De specialibus legibus), III.22.

6) 동모가 아니라도 동부의 이복형제가 있을 때는 여자는 상속인이 되지 못한다(cf. Isaios,VI,57~58).

7) 상속재판 혹은 검증유증 절차 등으로 해석할 수 있으며, 재판의 절차를 통해 재물이나 사람을 위하는 우선권을 확인받는 것을 말한다. 합법적 자식이라는 것이 명백하고 그에 대한 이의가 없는 경우에는 이런 절차 없이 상속할 수 있다.

8) Cf. Dem. XLIII,54; Aristophanes Byzantios, Lexeis, F.39N ; Diodoros Sikeliotes. XII,xviii.

9) Isaios, III, 8 : 78.

10) Dem. XL, 14 ; Isaios, VI, 25. 법에는 모든 적자(gnēsioi)는 부의 재산을 동등하게 나눈다고 한다.

11) Dem. XL, 50. 이 때 이자가 얼마며 어떤 형식이었는지는 불확실하다(cf. dike proikos).

12) Cf. Isaios,II,13:24.

13) Demosthenes, XLVI,14. Cf. Hypereides, III(Athen.),17 ; Isaios, II,1: IV,16 : VI,9.

14) Dem. XLIV,67~68.

15) Isaios,VII,25.

16) Cf. E.S. Forster, Isaeus trans, Loeb Classical Library(Cambridge, Mass., 1927), XI, p.384.

17) Cf. Demosthenes, XLIII.51 ; Isaios, VII.20 ; E.S. Forster, Isaeus trans, Isaeus,

p.387.

18) Cf. Dem. XLIV의 해설, A.T. Murray, Demosthenes, Loeb Classical Library(Cambridge, Mass. 1939), p.123.

19) Cf. A.R.W. Harrison, The Law of Athens, I, p.144.

20) 해리슨에 따르면, 괄호안의 순서는 Isaios(XI, 11)에 근거하여 추측한 것이라고 한다.

21) Dem.XLI,16 ; Isaios, VII, 1~2.

22) Isaios,IV,12 : IX,7~9.

23) Isaios, IX,12 ; A.R.W. Harrison, The Law of Athens, p.153,n.5.

24) Isaios,IV,13.

25) Isaios,VII,1.

26) Diogenes Laertios, V,57; Lys.XXXII,7; Dem.XLVI,28. cf. Isaios,IV,13[cf. ibid. 1,15]; Lys.XXXII,5 ; Isaios,VI,7;VII,1;IX,5. Dem.XLV,18.

27) Isaios,I,14.

28) Dem.XLVI,22.

29) Cf. Dem.XLIII,16.

30) Cf. Isaios,VII,3 : VI,3 : Dem.XLIV,59 etc.

31) Dem.XLIV,59.

32) Isaios,III,58.

33) 토리코스와 수니온 사이, 아티카 남동쪽 항구.

34) 솔론은 기원전 6세기 초(594~3 B.C.) 아르콘(장관)을 지냈던 사람으로 이 때 아테네의 민주적 법의 근간이 마련되었고, 실제로 그 후에 통과된 법도 그 정신에 부합한다는 뜻으로 아테네의 법은 솔론 법으로 불리는 경향이 있었다.

35) Isaios, I.

36) 아티카의 한 데모스로 아테네 북쪽에 있다.

37) 변론의 길이는 물시계로 측정이 되나, 법률조문이나 증언이 읽힐 때는 물시계의 작동을 중단시킨다.

38) 훈련대장은 축제 때 횃불들고 달리기의 비용을 부담한다.

39) 아티카 남쪽 라우리온 부근. 그 작업장은 피로스의 재산에 속했던 것으로 보임.

40) 즉 위증을 뜻함.

41) 지참금에 대한 규정은 하지 않았다는 의미.

42) 망자의 재산이 양자에게 유증될 때 재판을 통해 확인절차(epidikasia)를 거침.

43) 지명.

44) 조의의 표시로 머리를 자름.

45) 피해방민이 자식 없이 죽으면, 그 재산에 대해서, 일정 조건 하에, 그 전 주인이 청

구권을 행사할 수가 있다.

46) 공백.

47) 아테네의 경찰.

48) 그 뜻이 불명확하나 11인을 지칭하는 것으로 이들을 풀어준 죄로 처형받았다는 뜻으로 해석될 수가 있음.

49) 아테네가 소유햇던 2척의 쾌속선 중 하나로 전령이나 종교적 임무를 맡은 사람들을 실어나르며, 전시에는 사령관의 기함이 된다.

50) 화자인 메넥세노스 III의 아버지 폴리아라토스, 그리고 메넥세노스의 사촌들의 아버지들로, 디카이오게네스 II의 누이들과 와 혼인했던 사람들인 메넥세노스 II와 케피소도토스를 말한다.

51) 기원전 405년 아이고스포타미 전에서 아테네가 스파르타 해군에게 패배할 때의 상황.

52) 케피소스 강 상류의 계곡.

53) 이 때의 누이는 디카이오게네스(II)의 누이들 중의 한 명으로,,이 여인은 데모클레스(Isaios, 5,5 :9)으 과부 혹은 전처인 것으로 추정된다.

54) 이 문장의 뜻은 확실하지 않으나, 디카이오게네스(II)의 재산이 재분배되기 전에 그 딸에게 지참금 대신 주어진 집도 반환하여 함게 분배의 대상이 된다는 듯으로 추정이 가능하다.

55) 디티람보스 경연대회는 부족별로 이루어져 10개의 코로스가 있는데, 그 중 디카이오게네스(II)가 후원자(호레고스)가 된 코로스는 네 번째였다는 듯임. 참고로, 비극 경연은 세 개 코로스 간에 이루어짐.

56) 판아테나이아 제전에서 이루어지는 군무(軍舞).

57) 코린토스의 항구로 기원전 392년 스파르타 인이 장악했다.

58) 기원전 415년 여름 (Thukydides, 6.30)

59) 티모테오스의 원정은 기원전 375 혹은 373년 경에 있었던 것으로 추정됨.

60) 에우몰피다이 가문 출신으로 엘레우시스 비의(秘儀)에서 신성의 상징물을 내거는 관리.

61) 필록테몬과 에르가메네스 (cf. 이 글 44절)

62) 403~402 B.C.

63) 즉 안티도로스.

64) 여기서 화자는 소송의뢰인과 같은 부류의 사람들로 표현함.

65) 타르겔리온(5~6월) 6, 7일에 벌어지는 축제.

66) 즉 트라시불로스의 어머니가 자식이 없이 죽은 아폴로도로스 II의 누이였으므로 트라시불로스는 외삼촌의 재산을 물려받은 것임.

67) 델포이에서 벌어지는 축제. 올림피아스 연대의 3번째 해에 거행된다.

68) 김나시아르코스는 프로메테우스 축제 때 부족 간 횃불 경주를 하도록 후원한다.
69) 법적으로 임무수행을 중단하도록 허용된 기간을 뜻한다.
70) 전후 맥락에서 이 문장의 뜻이 명확하지 않음.
71) '가시적 재산' 이란 말 그대로 바깥으로 보아서 식별 가능한 재산이라고 할 수 있는데, 반드시 우리의 '부동산' 의 개념과 일치하는 것은 아니라 그에 준해서 생각해볼 수 있겠다. Cf. 최자영, 『고대 그리스 법제사』(아카넷, 2007), pp. 463~471.
72) 에우크렐이데스 아르콘(403 B.C.) 때에 그 어머니가 시민이 아니면 그 소생은 시민권을 가질 수 없도록 하는 법령이 통과됨.
73) 티모크라테스의 아들로 악한으로 이름이 났음. Cf. Isaios, VIII,3.
74) 아티카 동부 아라페 데모스 사람들로 이 두 형제가 속해 있는 곳이다.
75) 공백이 있음.
76) 즉 아리스타르코스(II).
77) 아리스타르코스(II).
78) 394~386 B.C.
79) 공공기금의 납부를 연체하면 법정 소송 등 권리행사를 할 수가 없게 된다.
80) 데모스테네스에 의하면, 하그니아스의 이복 형제인 글라우콘과 글라우코스도 재산권을 청구했던 것으로 되어 있으나 이사이오스에는 이런 상황이 생략되어 있다.
81) Cf.
82) 하그니아스와 글라우콘은 동복이부 형제임.
83) 스트라티오스 II의 딸로, 아들에 대한 어머니로서가 아니라 아들의 사촌으로서의 친족관계에 있음.
84) 델페니오스 아폴론의 신전
85) Harpokration, s.v. episemainestai ; Dionysos Halycarnassos, Peri Isaiou (De Isaeo), VIII pp.598~599 (단편 1) : XII, pp.607~608 (단편 2).
86) Harpokration, s.vv. apergasamenos, polemarchos, etc.
87) Photius, s.v. phaulon.
88) Dionysos Halycarnassos, Peri Isaiou, XV, pp.613~614 ; Suda, s.v. diathesis (단편 3) ; Polydeukes, X.15 (단편 4) ; Harpokration, s.v. eneskeuasmenen.
89) Harpokratin, s.v. hyperemeroi.
90) Polydeukes, II.61. s.v. anaperos (단편 5) ; II.8,
91) Harpokration, s.vv. Keiriades, lexis.
92) Dionysos Halycarnassos, Peri Isaiou, X.603 (단편 6) ; Harpokration, s.v. Sphettos.
93) Harpokration, s.vv. katadikasamenos, etc. ; Polydeukes, VII.151 ; Bekker,

Anecdota, I, p.173.26 (단편 7).

94) Suda, s.v. patroion (단편 8) ; Harpokration, s.v. Amazonion ; Polydeukes, X.11.

95) Harpokration, s.vv. pareggyesen kai pareggyethentos (단편 9, 10), hiera hodos.

96) Suda, s.vv. homou (단편 11), epitethe ; Harpokration, s.v. oisias dike.

97) Harpokration, s.vv. syndikoi (cf. Etymolog. Magn. p.734.57) (단편 12), alourgopolike, Araphenios, etc.

98) Lexikon, ed. Sakkelion, B.C.H. I (1877), p.151 (단편 13).

99) Suda, s.v. anakaion (sic) (단편 14) ; Harpokration, s.v.v. anagkaion, aphosio, Bothynos, etc.

100) Dionysos Halycarnassos, Peri Isaiou, XIV, p.612 ; Harpokration, s.vv. Trikephalos (단편 15), agnias, etc. ; Polydeukes, VIII.48 ; Priscian, Inst. Gram. XVII.18 (p.70) (단편 16).

101) Harpokration, s.v. hoti (단편 17)

102) Dionysos Halycarnassos, Peri Isaiou, V, p.592 (단편 18) ; Harpokration, s.v. agei (단편 19) ; Suda, s.v. empodon (단편 20).

103) Harpokration, s.v. Pergasethen.

104) Harpokration, s.v. chilioi diakosioi (단편 21).

105) Suda, s.v. homou (단편 22) ; Harpokration, s.vv. diaskeuasasthai, endikasathai.

106) Harpokration, s.v. epitritais (단편 23).

107) Harpokration, s.vv. Anthemokritos (단편 24), Kephalethen, chrestai, etc.

108) Harpokration, s.v. kleteres.

109) Polydeukes, X.15 (단편 25) ; Suda, s.v. teos (단편 26) ; Harpokration, s.vv. Allketas, Epikrates, peplos.

110) Harpokration, s.vv. Alketas, Epikrates, peplos.

111) Harpokration, s.v. Sphodrias.

112) Harpokration, s.vv. pandaisia, pseudeggraphe, etc.

113) Harpokration, s.v. perioikion (단편 27).

114) Harpokration, s.v. sylloges.

115) Harpokration, s.v. aporotatos [Bekker, Anecdota, I, p.434].

116) Harpokration, s.vv. aporrhexantes, chilioi diakosioi.

117) Harpokration, s.vv. Thyrgonidai, kleteres, etc.

118) Harpokration, s.vv. palinskion (단편 28), apophoran (단편 29).

119) Harpokration, s.v. Oion.
120) Harpokration, s.v. Thorikos.
121) Harpokration, s.vv. diamartyria, kleteres.
122) Harpokration, s.v. epidikos.
123) Harpokration, s.v. otheinos.
124) Harpokration, s.vv. diolygion (단편 30) ; meion (단편 31).
125) Harpokration, s.vv. hamippoi, Lykos eros.
126) Harpokration, s.v. ousias dike.
127) Ptolemaios, Peri diaphoras lexeon, Hermes, XXII (1887), p.410 (단편 32) ; Harpokration, s.v. eponia.
128) Dionysos Halycarnassos, Peri Isaiou (De Isaeo), VIII pp.598~599.
129) 화자는 하그노테우스가 어렸을 때 그 후견인이었다.
130) Dionysos Halycarnassos, Peri Isaiou, XII, pp.607~608
131) Suda, s.v. diathesis
132) Suda, s.v. diathesis.
133) Polydeukes, II.61. s.v. anaperos.
134) Dionysos Halycarnassos, Peri Isaiou, X.603.
135) Bekker, Anecdota, I, p.173.26.
136) Suda, s.v. patroion.
137) Harpokration, s.v. pareggyesen kai pareggyethentos.
138) Harpokration, s.v. pareggyesen kai pareggyethentos
139) Suda, s.v. homou.
140) Harpokration, s.v. syndikoi (cf. Etymolog. Magn. p.734.57).
141) Lexikon, ed. Sakkelion, B.C.H. I (1877), p.151.
142) Suda, s.v. anakaion (sic).
143) Harpokration, s.v. Trikephalos.
144) Priscian, Inst. Gram. XVII.18 (p.70).
145) Harpokration, s.v. hoti
146) Dionysos Halycarnassos, Peri Isaiou, V, p.592.
147) Harpokration, s.v. agei.
148) Suda, s.v. empodon.
149) Harpokration, s.v. chilioi diakosioi.
150) Suda, s.v. homou.
151) Harpokration, s.v. epitritais.
152) Harpokration, s.v. Anthemokritos.

153) Polydeukes, X.15.

154) Suda, s.v. teos.

155) Harpokration, s.v. perioikion.

156) Harpokration, s.v. palinskion.

157) Harpokration, s.v. apophoran.

158) Harpokration, s.v. diolygion.

159) Harpokration, s.v. meion.

160) Ptolemaios, Peri diaphoras lexeon, Hermes, XXII (1887), p.410.

161) Stobaios, Anthologia (Florileg.), V.54.

162) Stobaios, Anthologia (Florileg.), XLVI.25.

163) Stobaios, Anthologia (Florileg.), XLVIII.25.

164) Suda, s.v. aisthethai

165) Priscian, XVIII.25 (p,230).

166) Polydeukes, III.6.

167) Polydeukes, VIII.33.

| 찾아보기 |

ㅍ

ㅎ

변론

발행일 | 초판 1쇄 2011년 7월 15일

지은이 | 이사이오스
옮긴이 | 최자영
펴낸이 | 고진숙
펴낸곳 | 안티쿠스
책임편집 | 김종만
북디자인 | 씨엘
인쇄·제본 | 상지사피앤비
물류 | 문화유통북스
출판등록 | 제300-2010-58호(2010년 4월21일)
주소 | 서울시 종로구 부암동 129-8 울트라타임 730오피스텔 612호
전화 | 02-379-8883, 723-1835
팩스 | 02-379-8874
홈페이지 | www.antiquus.co.kr
이메일 | mbook2004@naver.com

값은 뒤표지에 있습니다.

ISBN 978-89-92801-17-1 03160